MW01114342

100 Años Después

El FUEGO ESTÁ ENCENDIDO:

Infancia del pentecostalismo puertorriqueño y su impacto en la sociedad

Serie

100 Años Después

El FUEGO ESTÁ ENCENDIDO:

Infancia del pentecostalismo puertorriqueño y su impacto en la sociedad

Wilfredo Estrada Adorno

Segundo Volumen

Primera Edición

Cleveland, TN

2016

CEL Publicaciones

Derechos Reservados © 2016 Wilfredo Estrada Adorno

ISBN: 9781975916732

Primera Edición

Todos los derechos son reservados. La reproducción total o parcial en cualquier formato es prohibida sin previo consentimiento del Centro para Estudios Latinos.

Impreso en Estados Unidos.

Citas bíblicas son tomadas de la versión Reina Valera de Estudio - 1995 Copyright © 2000 by United Bible Societies

Editor General: Wilfredo Estrada Adorno

Diagramación & Arte: Wilmer Estrada-Carrasquillo

Agradecemos a Flower Pentecostal Heritage Museum por ayudar con algunas de las fotos de en este libro. Éstas esta acompañadas de un *.

Dedicatoria

A
Carmen Julia Carrasquillo Rodríguez

Compañera inseparable de cincuenta y un años de matri-monio y ministerio fructíferos y un símbolo inequívoco de una autén-tica pentecostal.

El fuego está encendido

El fuego está encendido
¿Y quién lo apagará?
¿Y quién lo apagará?
¿Y quién lo apagará?
Estamos esperando
El fuego celestial,
El fuego celestial,
El fuego celestial.
Se manifiestan dones,
Muy dignos de admirar;
La Iglesia Primitiva
Entre nosotros está;
Lenguas interpretadas,
Bautismo espiritual,
Diciéndoles a las almas
Que se arrepientan ya.

Contenido

Agradecimientos

Deseo comenzar estos párrafos, agradeciéndoles a las personas que leyeron el primer volumen de este proyecto, titulado: *100 años después: La ruta del pentecostalismo puertorriqueño* y me alentaron a continuar adelante con el mismo. Sus palabras sinceras y alentadoras me comprometieron aún más con este proyecto histórico-teológico, que apenas comienza. La extraordinaria recepción del primer volumen de esta obra ha sido mi mayor motivación para continuar investigando y escribiendo.

Quiero de manera significativa, agradecer a mis colegas del *Pentecostal Theological Seminary* y del Centro para Estudios Latinos del Seminario su interés en este proyecto. Aprecio de todo corazón el apoyo su presidente, Dr. R Lamar Vest y se su decano y vicepresidente de Asuntos Académicos, Dr. David S. Han.

De igual modo quiero agradecerle a Darrin Rodgers, director del *Flower Pentecostal Heritage Center* y a Glenn W. Gohr, archivista de referencia del Centro por su ayuda y colaboración extraordinaria durante mi visita de investigación al Centro durante los días del 16 al 18 de marzo de 2016.

Mi gratitud especial para Reinaldo Burgos y la hermana Juanita Rodríguez, por tomar tiempo para revisar el documento final de esta obra. Sin embargo, debo decir que cualquier error gramatical o tipográfico que haya permanecido en la obra, es de mi total responsabilidad. A José Raúl Febus por su incalculable ayuda al darle una mirada inicial a todo el documento y revisar las notas al calce de la obra. A mi hijo Wilmer Estrada-Carrasquillo por escribir el prólogo, crear el arte y la portada y diagramar la obra para la publicación.

Quiero aprovechar, además, este espacio para agradecer las palabras de ánimo que he recibido de un amigo que ha dedicado gran parte de su ministerio a escribir la historia de la Iglesia de Dios Pentecostal, M.I. Me refiero al historiador oficial de este Concilio, David Ramos Torres. Su trabajo: *Historia de la Iglesia de Dios Pentecostal, M. I.: Una iglesia ungida para hacer misión,* es lectura obligada para todos los que desean estudiar el movimiento pentecostal en Puerto Rico.

Muy especialmente mi gratitud a Carmen por acompañarme en el proceso de investigación de este proyecto, ceder de su tiempo para que pudiera dedicarme a la redacción del mismo y darle la primera lectura de revisión a la obra. Como siempre mi gratitud a mis tres hijos e hija y sus respectivas familias, por acompañarme en esta jornada tan importante para toda la familia.

A aquellos que no recuerdo y que también formaron parte de este peregrinaje, muchas gracias por apoyarme en esta interesante senda de esperanza.

¡A todos y todas mil gracias!

Prólogo

El verano de 2016 lo pasé en Puerto Rico junto a Laura y nuestras tres hijas, Kalani Sofía (10), Mía Kamila (6) y Valeria Kamil (3). Durante esta visita, ocurrió algo muy interesante para Laura y para mí. Esta visita despertó en nuestras hijas el deseo de explorar distintos espacios en las casas de sus abuelos y abuelas. Durante esta *expedición* ellas se encontraron con un sinnúmero de elementos históricos tanto de mi familia como de Laura. Una de las tardes visitamos a mi papá y a mi mamá en la casa que viví durante mi adolescencia y juventud. Nuestras hijas tenían muy pocos recuerdos de esta casa ya que cuando salimos de Puerto Rico hacia Estados Unidos en enero de 2011, Kalani Sofía tenía 5 años, Mía Kamila tenía 1 año y la Valeria Kamil, tan sólo estaba en la mente de Dios. Cuando llegamos, Kalani Sofía y Mía Kamila comenzaron a recorrer toda la casa mientras Valeria Kamil las seguía. A lo lejos podíamos escucharlas emocionarse cuando entraban a los distintos cuartos y éstas rememoraban algún evento ocurrido. Lo que fue una simple visita a Apika (mami) y a Abu (papi), se convirtió en una gran *expedición* exploratoria para ellas.

Ese día mi mamá estuvo limpiando algunos cuartos y nos notificó que en el segundo piso de la casa había una caja que habíamos dejado al mudarnos. Laura subió a echarle un vistazo, y para su sorpresa se encontró con una serie de álbumes de fotos de nuestra familia. ¡Eureka! Este fue el gran tesoro escondido para nuestras hijas. Fue una visita muy emocionante para ellas, pero de las tres, Kalani Sofía quedó muy impactada por toda la historia que encontró en la casa. Al salir, con un tono de asombro y de orgullo, ella nos dijo, "No sabía que todo esto había pasado. Primero, escribiré un libro sobre los logros de toda mi familia y luego haré una película".

Las palabras de Kalani Sofía me hicieron reflexionar. Casi todo lo que ella descubrió durante estas vacaciones, conmemoraban eventos que ocurrieron antes de que ella naciera. Por ejemplo, ella encontró ropa, fotos, cartas y otros artefactos que mi suegra y suegro guardan en un baúl y que son parte de la historia de Laura y su familia. Por otro lado, durante la visita a mis padres, Laura le enseñó fotos de su abuelo Abu en Vieques y le habló de su participación como portavoz de la Coalición Ecuménica Pro Vieques. Pero, ¿por qué me hizo reflexionar? Al encontrarse con estas historias, ella profundizó y expandió aún más su identidad familiar. En otras palabras, su identidad no sólo ha sido formada por lo que ella ha experimentado durante sus 10 años de vida, ésta también se ha nutrido de la historia de su familia. Cuando nacemos, no nacemos en un vacío, somos inmersos en una historia existente, y ésta es parte de quienes somos.

Este relato familiar describe, en cierta manera, cuál fue mi experiencia al leer este segundo volumen de tres que Estrada Adorno ha planificado escribir. "El fuego está encendido" toma la historia donde la dejó "100 años después", con la llegada de Juan L. Lugo a Puerto Rico en el 1916. Este era un Puerto Rico muy distinto al que Lugo había dejado más de una década. El terreno político, económico y religioso había sufrido grandes cambios, sin embargo el ímpetu pentecostal de Lugo y de sus compañeros y compañeras de viaje fue más fuerte.

La idea central de este segundo volumen, de acuerdo con Estrada Adorno, no es sólo testificar de la expansión histórica-misionera del movimiento pentecostal en Puerto Rico (lo cual es importante), sino que también busca "examinar el crecimiento de la fe pentecostal en Puerto Rico durante el periodo de su infancia" tomando en consideración el terreno "histórico, social, económico y político de la época"[1]. Antes de continuar, es de suma importancia entender que para Estrada Adorno, el término *infancia* no es sinónimo de inmadurez, impotencia o incapacidad. Por el contrario, una lectura detallada nos hace entender que durante la primera década de lo que Estrada Adorno describe como *la misión pentecostal puertorriqueña*, "se echaron los *fundamentos* para el desarrollo espectacular de una fe que cambió los contornos y la vida los de los jíbaros y las jíbaras de los campos de mi Borinquen querida"[2]. A continuación le comparto una breve sinopsis de algunos elementos importantes de este *fundamento*.

Al abrirse el telón, Estrada Adorno, nos coloca rápidamente en la realidad concreta del Puerto Rico de 1916. Esto es de suma importancia. El evangelio no se da en un vacío sociocultural, por el contrario, éste se viste de las realidades de la vida, tal y como el apóstol Pablo habla de Jesús en su carta a los filipenses, "hasta que se encontró en forma de ser humano" (Fil. 2:8). Para Estrada Adorno es importante preguntarnos cuál es el contexto puertorriqueño, no porque es un marco teórico que guía su argumento, pero mayor aún, porque sólo así hará sentido el "mensaje de la vida mejor"[3] que fue proclamado por estos héroes y heroínas de la fe pentecostal.

Otro de los aportes de Estrada Adorno, es que él no desconecta la experiencia pentecostal puertorriqueña, de aquello que el Espíritu Santo estaba haciendo en otros lugares del mundo. Si hay algo que nosotros los pentecostales padecemos y hemos sido lentos en corregir, es que sufrimos de miopía histórica. Estrada Adorno, tanto en su primer volumen como en éste, traza

---

[1] Wilfredo Estrada Adorno, *El fuego está encendido: Infancia del pentecostalismo puertorriqueño y su impacto en la sociedad* (Cleveland, TN: CEL Publicaciones, 2016).

[2] Ibid. Énfasis mío.

[3] Ibid.

la historia del pentecostalismo puertorriqueño a un avivamiento interracial e intergeneracional que ocurre en el 1906 en la calle Azusa en Los Ángeles, California. Con esto Estrada Adorno no busca socavar el sabor autóctono del pentecostalismo puertorriqueño (éste lo afirma muy bien en este libro); a mi entender, tal conexión nos trae a la luz que somos parte de un movimiento que va más allá de nuestros campos y de nuestras playas, que somos parte de un gran movimiento del Espíritu Santo en el mundo. Claro está, es de esperarse que se escuchen voces que critiquen tal conexión histórica, pero eso es harina de otro costal, y una conversación que se debe tener, no con el fin de saber quién gana, sino con el fin de fortalecer en nuestra herencia pentecostal.

Uno de los aspectos interesantes que vemos en el Nuevo Testamento, al leer el milagro de la expansión de la misión cristiana, es la importancia que se le brinda al trabajo corporativo. Y sin duda alguna, tal fue el caso con la *misión pentecostal puertorriqueña*. Aunque Juan L. Lugo se ha convertido en la punta de lanza del pentecostalismo puertorriqueño, el autor del libro nos deja meridianamente claro que Lugo no llega solo. En primer lugar, el Espíritu Santo que lo envío, fue el que los recibió. Por otra lado, la *misión pentecostal puertorriqueña* que nos presenta Estrada Adorno, está en las manos de un grupo de jóvenes llenos y llenas del poder del Espíritu Santo para predicar las buenas nuevas de salvación. Éstos y éstas se esparcen en tres puntos de la Isla (Santurce, Ponce y Arecibo) y desde allí se riegan por toda la Isla. Pero no piense que todo se dio como dice un refrán puertorriqueño, "como un bombito al pícher"[4]. Tal y como leemos en el Nuevo Testamento, hubo momentos de tensiones y de frustraciones entre los misioneros y misioneras de la *misión pentecostal puertorriqueña*. Sin embargo, como la obra de la iglesia sigue siendo del Señor, ésta siguió creciendo y mostró un desarrollo sin precedentes.

---

[4] Sin contratiempos o dificultades.

Como último asunto, déjenme reconocer otra gran aportación de este libro. No cabe la menor duda que Estrada Adorno hace un gran trabajo de investigación (así lo reconocen quienes recomiendan el libro en la contraportada). Y como buen investigador, él analizó y sintetizó lo que era necesario. Pero cuando el análisis y la síntesis obstruyen el mensaje de los y las protagonistas de esta historia, Estrada Adorno también supo hacer mutis, y nos deja leer de puño y letra lo que éstos y éstas escribieron hace 100 años. En otras palabras, la riqueza de este trabajo también estriba en la cantidad de narrativas y testimonios que podemos leer de primera mano, y por un momento, experimentar lo que fue la *infancia del pentecostalismo puertorriqueño*.

Este prólogo no hace justicia a todo lo que has de leer en este libro. Pero me imagino que para eso lo tienes en tus manos, no para que te lo cuenten, sino para leerlo. Pero no quisiera concluir, sin compartirte dos elementos que me llevé de su lectura. Lo primero está conectado a la anécdota que te compartí al principio. Yo vivo muy orgulloso de mi experiencia pentecostal, tal y como Kalani Sofía lo está de ser Estrada, Pimentel, Carrasquillo y Figueroa (según ella) . Pero algo ocurrió en ella cuando se encontró con una historia familiar que precedía su historia vivida. ¿Qué fue? Su orgullo e identidad familiar fue fortalecida. Los mismo ocurrió conmigo. Aunque esta historia precede la llegada a Puerto Rico, de lo que hoy en día es la denominación en la cual sirvo, la Iglesia de Dios "Mission Board", vivo orgulloso de la historia pentecostal puertorriqueña y fortalecí mi identidad en ella.

Finalmente, les confieso que al leer este libro (lo hice en la primavera de 2016) no podía sacar de mi mente la condición política, económica y religiosa que vivía Puerto Rico en ese entonces. Tal parece, que la condición del Puerto Rico en el 2016 (aunque históricamente distinta) es análoga al Puerto Rico que Lugo y sus compañeros y compañeras se encontraron en el 1916. Sin embargo, el mismo Espíritu Santo que se movió en medio de un tiempo "de incertidumbre, desesperanza, engaño, pobreza y agotamiento social, emocional , físico y espiritual",[5] es el mismo Espíritu Santo que está hoy con la iglesia puertorriqueña y estará hasta que Cristo venga por su iglesia. Por lo tanto, la pregunta a contestar es la siguiente, ¿qué se escribirá de nosotros y nosotras cuando se celebren los doscientos años de la llegada de pentecostés a Puerto Rico?

El escritor español, Jorge Santayana dijo una vez, "Aquellos que no recuerdan el pasado están condenados a repetirlo"[6]. Pero en el caso de este libro y de su relato, espero que conozcas bien la historia, sólo así tendrás el testimonio de lo que el Espíritu Santo ha hecho, y la esperanza de lo que podemos hacer como iglesia en el Puerto Rico de hoy.

¡Caminemos en el Espíritu!

Wilmer Estrada-Carrasquillo
Quintas de Campeche, Carolina, PR
Junio 2016

---

[5] Estrada Adorno, *El fuego está encendido.*

[6] Ver, Jorge Santayana, *La razón de la razón o fases del progreso humano,* (Tecnos, Madrid, 2005).

Introducción al segundo volumen

Principio del evangelio de Jesucristo, Hijo de Dios.
Como está escrito en el profeta Isaías:
«Yo envío mi mensajero delante de tu faz,
el cual preparará tu camino delante de ti.
Voz del que clama en el desierto:
"Preparad el camino del Señor.
¡Enderezad sus sendas!"

Marcos 1.1-3

En el primer volumen de esta investigación salimos temprano en la mañana el 22 de noviembre de 1900 con Juana María Caraballo Feliciano, Juana Carmen Lugo Feliciano, Juan Dionisio Lugo Caraballo junto a Micaela -hermana de Juana María, esposo, hijos e hijas, desde Yauco hacia San Juan. El propósito de ese viaje era iniciar un peregrinaje que los llevaría en busca de *la vida mejor* a las islas hawaianas del Pacífico. La historia de ese primer volumen acompañó a Juan L. Lugo durante dieciséis años; incluyó su viaje a Hawái, su conversión al evangelio pentecostal y su llegada a Puerto Rico como el Apóstol de pentecostés en el 1916. Mi intensión en ese primer volumen fue examinar "el trasfondo sobre la llegada de pentecostés a Puerto Rico"[7] y conectar sucesos históricos aparentemente inconexos, pero que en la gracia amorosa del Dios de la misericordia, prepararon el camino para la llegada de la *misión pentecostal*[8] a Puerto Rico.[9] La historia del primer volumen concluye con la llegada de Juan L. Lugo a Ponce y la celebración del primer culto en el sector Mayor Cantera de la ciudad de Ponce, que concluye con la conversión de once personas a la fe pentecostal, a las 2 de la madrugada del sábado 4 de noviembre de 1916.[10]

Este segundo volumen, llamado: *El fuego está encendido: Infancia del pentecostalismo puertorriqueño y su impacto en la sociedad*, tiene como propósito tomar el relato donde lo dejó el primer volumen y empezar a examinar el crecimiento de la fe pentecostal en Puerto Rico, durante el período de su *infancia.* Como es mi costumbre, en este estudio se tomará en cuenta el contexto histórico, social, económico y político de la época.

En el primer capítulo desarrollo lo que llamo, el contexto político de la *infancia de la misión pentecostal* puertorriqueña. Mi interés es investigar cómo inicia este proyecto de grandes repercusiones evangélicas en el ambiente político, social, económico y religioso que se había instaurado en la Isla, durante los primeros dieciséis años de los gobiernos militar y civil, bajo la dominación de Estados Unidos.

Ese capítulo lo dediqué a examinar el contexto de la situación política, de principios de siglo veinte, donde crece la *mi-*

---

[7] Wilfredo Estrada-Adorno, *100 años después: La ruta del pentecostalismo puertorriqueño* (Cleveland, TN: Editorial CLS, 2015), 31.

[8] He decidido usar la frase *misión pentecostal* de aquí en adelante para identificar el proyecto misionero pentecostal puertorriqueño y diferenciarlo del proyecto misionero de las denominaciones históricas, identificado como la *misión protestante* en Puerto Rico.

[9] Estrada-Adorno, *100 años después*, 32.

[10] Ibid., 132.

sión pentecostal puertorriqueña. Este breve repaso histórico, lo hago con el objetivo de enmarcar el proyecto de revolución social y espiritual del mensaje pentecostal dentro de una realidad puertorriqueña de incertidumbre, desesperanza, engaño, pobreza y agotamiento social, emocional , físico y espiritual. Destaco que es a hombres y mujeres, inmersos en esa realidad puertorriqueña, de principios del siglo veinte, que el evangelio pentecostal dirige su mensaje de *la vida mejor.*

En el segundo capítulo examino el contexto económico y social de la *infancia de la misión pentecostal* que bordeó el inicio de proclamación de la fe pentecostal. Aquí exploro los factores que crearon desesperanza y desasosiego en el pueblo y se conjugaron para impedir el desarrollo socio-económico de la Isla. Entre estos, le echo una ojeada a los fenómenos naturales que ocurrieron en ese periodo, tales como: El huracán San Ciriaco, el terremoto del 1918, el impacto del monocultivo de la caña de azúcar en la economía, la pobre salud pública y el pobre acceso de la masa campesina a la educación. En otras palabras, intento relatar la conmovedora situación de depresión económica, social, moral y desventura física que prevalecía en la vida del pueblo.

En el tercer capítulo sondeo la situación religiosa del pueblo durante los primeros veinte años de la soberanía estadounidense en la Isla. Me doy a la tarea de examinar brevemente la relación entre la Iglesia Católica y el gobierno y a renglón seguido le hecho una mirada a la situación religiosa como resultado del inicio del mensaje del protestantismo con la llegada de la invasión estadounidense. Reviso como el trabajo evangelístico de los misioneros estadounidenses acompañó el proceso de "americanización" y "civilización" que era la punta de lanza del gobierno del imperio estadounidense. Dentro de ese contexto religioso, exploro *la infancia de la misión pentecostal puertorriqueña.*

En el cuarto capítulo examino las raíces del pentecostalismo que llegó a Puerto Rico. Con el fin de ubicar los antecedente del mismo, hago un conciso resumen del avivamiento de la calle Azusa en Los Ángeles, California y sus principales gestores.

Todo con la intención de establecer que luego de aceptar el mensaje del avivamiento de la calle Azusa y estudiar informalmente y predicarlo por tres años en Hawai y California, Juan L. Lugo llegó a Puerto Rico como el Apóstol de pentecostés la noche del miércoles 30 de agosto de 1916.

En el quinto capítulo destaco el grupo de misioneros puertorriqueños y puertorriqueñas que formaron el cuadro inicial de la *infancia del pentecostalismo puertorriqueño* y el grupo de reducidos misioneros anglosajones que le acompañó en esta jornada inicial. Reviso el contenido de la espiritualidad del mensaje pentecostal y su cercanía con la cultura puertorriqueña, que fue determinante en la extensión vertiginosa de la *misión pentecostal* por toda las Isla. Además, destaco que la *infancia del pentecostalismo puertorriqueño* estuvo estructurado alrededor de tres centros de poder evangelísticos. Un centro de poder estaba localizado en el sur de la Isla, con la ciudad de Ponce como cabeza de playa y Juan L. Lugo como su líder indiscutible. El segundo centro de poder estaba localizado en el norte central, con la ciudad de Arecibo como su cabeza de playa y Francisco D. Ortiz, Jr. como su líder máximo. Un tercer centro de poder estaba localizado cerca de la capital, con la ciudad de Santurce como cabeza de playa y la misionera Lena Smith Howe como su líder indiscutible.

En el sexto capítulo reviso en detalles la obra evangelistica de los tres centros de poder evangelísticos establecidos por la *misión pentecostal.* Examino cada uno de ellos y le permito a sus actores principales que les narren lo que ocurrió en cada unos de los centros. Además, subrayo la significativa y extraordinaria pertinencia del mensaje pentecostal que hizo posible que la *misión pentecostal* se extendiera por toda la Isla de forma muy rápida.

En el séptimo capítulo narro el desarrollo acelerado de la *misión pentecostal* en la Isla. En el relato menciono los misioneros puertorriqueños y anglosajones y los hombres y mujeres que estos misioneros formaron para que les ayudaran en su empresa misionera en la Isla. En este capítulo comparto lo que ocurrió en las dos primeras Convenciones de la *misión pentecostal* en Puerto Rico. En el relato les informo sobre los acuerdos tomados en las dos primeras Convenciones y la manera como el Presbiterio Ejecutivo del Concilio General de Las Asambleas de Dios, comenzó a timonear la *misión pentecostal puertorriqueña* para que respondiera a los intereses del Concilio General de las Asambleas de Dios.

En el octavo capítulo entro a destacar en detalles el contenido del mensaje de la *misión pentecostal*. En este análisis comienzo a relatar los componentes de la teología pentecostal, teología que no surge del análisis de los documentos escritos por sus pioneros, sino de la lectura de los testimonios de lo que pasó en las vidas de los que recibieron el mensaje pentecostal. Sostengo que nos encontramos con la teología pentecostal cuando analizamos los relatos de lo que ocurrió en las vidas de los que tuvieron un encuentro con la palabra transformadora del mensaje pentecostal. En este capítulo se encontrarán con un exquisito y penetrante análisis de la teología de ese grupo sencillo de misioneros pentecostales.

En el noveno capítulo les narro el proceso de incorporación en el Departamento de Estado de Puerto Rico de la *misión pentecostal*. Ese proceso fue muy tortuoso. Hubo diferencias serias entre los incorporadotes y el Departamento de Estado. Hubo diferencias punzantes entre los incorporadores entre si y también las hubo entre el Presbiterio Ejecutivo del Concilio General de las Asambleas de Dios y los incorporadores. Todos esos detalles los comparto para que tengan una idea del proceso complicado de la incorporación.

En el décimo capítulo presento la posdata de este trabajo. En esta sección resumo el proyecto evangelístico de la *misión pentecostal*. En el resumen señalo que este proyecto estaba fundado en la proclamación de un mensaje transformador, esperanzador y agresivo que llamaba al pueblo a darle una nueva mirada a su situación de desesperanza con una extraordinaria posibilidad de alcanzar una vida de logros y de un mejor mañana. Además, reviso el contenido de la teología de la *infancia de la misión pentecostal* y sus implicaciones para la sociedad puertorriqueña. En esa visión sostengo, que este grupo de misioneros y misioneras, como fruto de su compromiso por la entrega del evangelio pentecostal, salieron en misión por las comunidades de los pobres y oprimidos de los campos borincanos para compartir, desde su particular entendimiento del evangelio, un mensaje de *reconciliación espiritual* y de *justicia social* para aquellos que necesitaban una nueva oportunidad en sus vidas.

Finalmente, incluyo un apéndice, con una serie de documentos originales sobre los temas tratados en la obra, que le ofrece fortaleza al contenido de la investigación compartida en la obra. Sigan a la próxima página porque sé que van a disfrutar esta lectura. ¡Bienvenidos a la jornada de análisis de la *infancia del pentecostalismo puertorriqueño! ¡El fuego está encendido!*

Capítulo 1: Contexto político de la *infancia de la misión pentecostal* puertorriqueña

Para poder apreciar el nacimiento de la obra pentecostal en Puerto Rico, quiero darle una ojeada -a grandes rasgos- a la situación política, socio-económica y religiosa de principios de siglo veinte. Sin entender qué estaba pasando en Puerto Rico, en estas tres grandes áreas de la sociedad puertorriqueña en ese momento histórico, no podríamos apreciar, del todo, la importancia del mensaje pentecostal para las masas pobres de ese tiempo. Es decir, el mensaje pentecostal se encarna en un período histórico de gran necesidad material y espiritual de la gente pobre de la Isla, que constituía la mayoría del pueblo puertorriqueño. Este breve repaso histórico, lo hago con el objetivo de enmarcar el proyecto de revolución social y espiritual del mensaje pentecostal dentro de una realidad puertorriqueña de incertidumbre, desesperanza, engaño, pobreza y agotamiento social, emocional , físico y espiritual. Es a hombres y mujeres, inmersos en esa realidad puertorriqueña, de principios del siglo XX, que el evangelio pentecostal dirige su mensaje de *la vida mejor*. Les invito, con mucho respeto, a que me acompañen en esta aventura investigativa y, luego, lleguen a sus propias conclusiones. Como de costumbre, yo llegué a las mías y las comparto con todo el rigor académico necesario y los matices, claro está, desde mi puertorriqueñidad y fe pentecostal inquebrantables.

Situación política de principios del siglo XX

En el primer volumen de esta obra indiqué que al regreso de Juan L. Lugo a Puerto Rico en el 1916, "la situación política del país estaba cargada con la agitación relacionada a la aprobación del Acta Jones y sus implicaciones para el pueblo de Puerto Rico."[11] Los dieciséis años que Lugo estuvo fuera de la Isla, se caracterizaron por una mezcla de esperanza y desengaño del pueblo puertorriqueño con el gobierno estadounidense. No debería sorprendernos, por lo tanto, que muchos de los políticos, líderes y una gran parte del pueblo miraran con esperanza la invasión del ejército estadounidense por la playa de Guánica. Aunque hacía cinco meses se había empezado a disfrutar la implantación del gobierno autonómico en la Isla,[12] todavía reinaba una gran insatisfacción de la mayoría del pueblo puertorriqueño con el trato colonial que había recibido del gobierno español y esperaban que el gobierno estadounidense, con toda la fanfarria de nación democrática que proyectaba, lo tratara a la altura de lo que supuestamente profesaban ser: una nación democrática. Ciertamente, había líderes políticos isleños -residentes en Nueva York, que miraban con buenos ojos, que Puerto Rico se independizara de España y se refugiara bajo la hegemonía estadounidense.

Según Bolívar Pagán, tal fue el caso de los dirigentes de la Sección de Puerto Rico –fundada en New York- del Partido Revolucionario Cubano, presidida por el Dr. J. J. Henna. Bolívar Pagán, destacado historiador de los partidos políticos puertorri-

---

[11] Ibid., 118.

[12] Cuando estalla la guerra entre Estados Unidos, España y Cuba, ya Puerto Rico estaba gobernado por la Carta Autonómica aprobada el 25 de noviembre de 1897. El gobierno autonómico se había inaugurado el 9 de febrero de 1898. Para más detalles sobre este tema, debe consultar la monumental obra de Bolivar Pagán, "Historia de los partidos políticos puertorriqueños (1898-1956)," accessed April 19, 2016, http://www.estado51prusa.com/?p=506.

queños, señala que este grupo, alejado "de los movimientos y aspiraciones de los militantes políticos puertorriqueños de la época, que laboraban hacia la independencia de la Isla contra la soberanía española, dio pasos cerca de las autoridades de Washington para facilitar la invasión de la Isla por las tropas norteamericanas."[13] Indica, además, el historiador, que "Razones de proximidad geográfica y resonancias de libertad, democracia y progreso que trascendían del Norte hacia Puerto Rico, facilitaron la acogida que en el trueque de soberanías predispuso al pueblo de Puerto Rico con simpatías e ilusionadas aspiraciones en sus relaciones con los Estados Unidos de América."[14] De hecho, los dos partidos principales al momento de la invasión, El Partido Ortodoxo o Puro y el Partido liberal, ya para el 1899 habían evolucionado en dos nuevos partidos para, según sus líderes, responder a la nueva situación política, ya que la misma "señalaba nuevos rumbos y orientaciones en la política local". El Partido Ortodoxo o Puro se transformó en el Partido Republicano Puertorriqueño, el 18 de marzo de 1899. En el momento de su formación como colectividad política, bajo la tutela del Dr. José Celso Barbosa y Manuel F. Rossy, el liderazgo de esta colectividad afirmó lo siguiente:

> Con fe en el espíritu eficaz, patriótico y genuinamente americano, demostrado por el Honorable Guillermo McKinley, Presidente de los Estados Unidos, al librar a Puerto Rico del mal gobierno español, prometemos fidelidad a nuestra nueva nacionalidad, sirviéndonos de guía los sanos principios de armonía, unión y buen gobierno, y confiamos en que pronto se arreglen satisfactoriamente todos los asuntos públicos dentro de la Federación.[15]

De igual manera -unos meses después, el 1 de octubre de 1899, en San Juan- el Partido Liberal, bajo el liderazgo de Luis

[13] Ibid.

[14] Ibid.

[15] Ibid.

Muñoz Rivera, se transformó en lo que se conoció como el Partido Federal Americano. La declaración de fe de esta nueva colectividad política en el pueblo estadounidense, no se diferenció mucho de la del Partido Republicano Puertorriqueño. Así resumió el Partido Federal Americano su pensamiento al momento de formarse:

> En suma: el Partido Federal, con soluciones prácticas y con ideales científicos, va resueltamente a fundirse en la Federación, bien persuadido de que en la absoluta identidad americana reside la absoluta autonomía puertorriqueña. Puerto Rico será feliz para siempre y nosotros cumpliremos nuestros altos deberes, como patriotas y como ciudadanos, imponiéndonos los más duros sacrificios por la libertad y por la patria.[16]

Se puede afirmar, además, que el Partido Obrero Socialista -organizado por Santiago Iglesias Pantín[17], como brazo político del movimiento obrero, el 18 de junio de 1899- también asumió en su origen posturas pro-americanas, que vinieron a ser parte de la plataforma ideológica del partido Socialista y del movimiento obrero de principios del siglo XX. De hecho, adoptó como suyo el programa del Partido Obrero Socialista de Estados Unidos, organizado en el 1896. En este sentido, el Partido Obrero Socialista, al igual que los partidos Republicano Puertorriqueño y Federal Americano, abogó por la unión permanente del pueblo puertorriqueño con Estados Unidos.[18]

La realidad fue que la historia le deparó otro destino a Puerto Rico en su relación con el pueblo estadounidense. El futuro no fue tan alentador como lo anticipó este grupo de líderes

---

[16] Ibid.

[17] Santiago Iglesias Pantín llegó a los 24 años de edad a Puerto Rico, procedente de España. Era un joven de pobre formación académica, pero autodidacta, arrojado, organizador de grupos y de personalidad carismática.

[18] Pagán, "Historia de los partidos políticos puertorriqueños (1898-1956)."

puertorriqueños al momento de la invasión de la tropas estadounidenses. Sobre este tema, Ivonne Acosta Lespier, señala lo siguiente:

> Esa esperanza habría de troncharse poco después de la ocupación de la Isla y de izarse la nueva bandera en todos los edificios públicos. El primer desengaño fue que el régimen militar que se impuso luego de la salida de los gobernantes españoles duró dos años y se eliminaron las reformas concedidas en el poco tiempo que estuvo en vigor el gobierno autonómico. El segundo desengaño fue que la americanización comenzó de inmediato pero sobre todo en un esfuerzo por erradicar todo lo que fuera parte del legado español: idioma, religión, derecho y costumbres.[19]

De modo que, la invasión estadounidense da al traste con el ensayo del gobierno autonómico del pueblo de Puerto Rico, bajo la corona española. La Carta Autonómica, en cierta medida, le otorgaba bastante autonomía administrativa a la Isla para desarrollar un gobierno que respondiera más responsablemente a las necesidades del pueblo puertorriqueño. Sobre esta realidad Bolívar Pagán, se expresó de la siguiente manera: "No se podía modificar dicha Carta Autonómica por el parlamento español sin la previa solicitud del parlamento insular. De acuerdo con la Constitución Española vigente en la época, Puerto Rico era representado por dieciséis diputados y cinco senadores con plenos derechos en las Cortes Españolas."[20]

Con la invasión estadounidense, se elimina la Carta Autonómica y se establece un gobierno militar que duró por espa-

---

[19] Ivonne Acosta Lespier, "De la esperanza a la desilusión y a la resistencia: Puerto Rico de 1898-1914," accessed April 19, 2016, http://desahogoboricua.blogspot.com/2014/05/de-la-esperanza-la-desilucion-y-la.html.

[20] Pagán, "Historia de los partidos políticos puertorriqueños (1898-1956)."

cio de dos años.[21] A la sombra de este régimen militar, se organizó un gobierno "bajo el mando supremo y absoluto del Ejército, pero manteniendo el respeto a los derechos individuales y a la propiedad privada, y manteniendo en vigor las leyes locales existentes en todo lo que no fuese opuesto al nuevo régimen."[22]

Cuando se impuso el régimen militar estadounidense, se encontraba en el poder el gobierno del Partido Liberal, acaudillado por Luis Muñoz Rivera. Éste era, además, Presidente del Consejo de Secretarios, al que el gobierno militar le concedió continuar en sus funciones. Ante la imposición del gobierno militar, en actitud ilusoria, indigna y servil, el Consejo de Secretarios[23] en octubre 23, 1898, le dijo al pueblo puertorriqueño lo siguiente:

> Al extinguirse la soberanía española e iniciarse la soberanía americana, estableciéndose el poder militar, absoluto y supremo por orden del Muy Honorable Presidente de los Estados Unidos, ocupábamos nosotros el Gobierno Insular. Estimando que la resignación de nuestros cargos se imponía de un modo absoluto, la hicimos ante

---

[21] El gobierno militar estadounidense en Puerto Rico, comienza bajo la dirección de John R. Brooke el 18 de octubre de 1898 y concluye el 30 de abril de 1900.

[22] Pagán, "Historia de los partidos políticos puertorriqueños (1898-1956)."

[23] El gabinete de Secretarios de Despacho estaba compuesto de miembros de los dos opuestos partidos políticos puertorriqueños, o sea los Autonomistas Ortodoxos o Puros y los Liberales. Este gabinete quedó integrado en la forma siguiente: Luis Muñoz Rivera (Liberal), secretario de Gracia, Justicia y Gobernación; Juan Hernández López (Liberal), secretario de Obras Públicas y Comunicaciones; José Severo Quiñones (Liberal), secretario de Agricultura, Industria y Comercio; Francisco Mariano Quiñones (Autonomista Ortodoxo), presidente; Manuel F. Rossy (Autonomista Ortodoxo), secretario de Instrucción Pública; y Manuel Fernández Juncos (Autonomista Ortodoxo), secretario de Hacienda. Es importante anotar que luego de unos agrios comicios electorales, los únicos bajo la Carta Autonómica, los representantes del Partido Autonómico Puro, renunciaron al Consejo de Secretarios.

> el general Brooke, resuelta y formalmente. El general Brooke estima, que debemos seguir prestándole nuestro concurso en el despacho de los asuntos del Gobierno de la Isla y ocupar las Secretarías que subsistirán mientras no legislen para el país las Cámaras de Washington. Y, como queremos corresponder a tan honrosa prueba de confianza, permaneceremos en nuestros puestos, aceptando durante este periodo transitorio, las responsabilidades que nos crea.
>
> El régimen militar reduce la órbita de nuestra acción a límites estrechos. No obstante, informaremos en cada caso al general Brooke con el leal y noble propósito de que sus actos se inspiren siempre en la justicia y en la ley. Por lo que a nosotros toca, aspiraremos a la pura satisfacción de que los Estados Unidos al fijarse en estos dominios suyos, se convenzan de que aquí hay un pueblo sensato, dócil, digno de que hasta él se extiendan las conquistas de la Democracia, que han hecho tan grande a la patria de Franklin y Lincoln. Si aspiramos a fraternizar con nuestros compatriotas del Norte, es necesario que les igualemos en sus altas virtudes cívicas y en sus grandes aptitudes para la lucha y para el triunfo.[24]

Es casi inconcebible imaginarse la aceptación de una condición tan degradante por parte de este grupo de líderes del pueblo, pero esa fue la realidad. A veces en algunos líderes puede más el atractivo y remuneración de una posición que la indignación ante la humillación.

Esos primeros años bajo el régimen militar fueron muy enconados en la discusión política en la Isla. La división ideológica entre los seguidores del Dr. José Celso y Barbosa, del Partido Ortodoxo o Puro, y Luis Muñoz Rivera, del Partido Liberal, era irreconciliable. De hecho, luego del resultado de los comicios

---

[24] Pagán, "Historia de los partidos políticos puertorriqueños (1898-1956)."

electorales del 27 de marzo de 1898[25] -donde se eligió el Consejo de Administración y los miembros de la Cámara de Representantes- los representantes del Partido Ortodoxo o Puro, renunciaron a sus posiciones en el Consejo de Secretarios, alegando fraude por parte de Luis Muñoz Rivera. Los Puros alegaban que Luis Muñoz Rivera, como Secretario de la Gobernación, puso el gobierno al servicio de su partido político. Desde luego, la gente de Muñoz Rivera negó tal acusación. Esta acusación de que el partido en el poder pone el gobierno al servicio del partido político, ha sido recurrente en la política puertorriqueña a lo largo de los años.

El 6 de febrero de 1899, el segundo gobernador militar en Puerto Rico, Guy V. Henry, disolvió el Consejo de Secretarios y reorganizó el gobierno. La nueva estructura del gobierno contaba con cuatro Secretarías de Despacho. Con el fin de apaciguar la guerra entre los ortodoxos o puros y los liberales, el gobernador Henry, nombró dos miembros de cada uno de los dos partidos, a las nuevas cuatro Secretarías. Por el partido Ortodoxo o Puro nombró a Cayetano Coll y Toste, Secretario de Hacienda y a Federico Degetau González, Secretario del Interior; posteriormente, Francisco Valles Atiles, sustituyó a Degetau en su cargo. Por el Partido Liberal nombró a Francisco de Paula Acuña, Secretario de Estado y a Herminio Díaz Navarro, Secretario de Justicia. Como Luis Muñoz Rivera tuvo agrias diferencias con el gobernador militar Guy V. Henry, concernientes a las relaciones de autoridad entre el ejercicio del poder civil dentro del contexto del gobierno militar, quedó fuera de la nueva estructura de las Secretarías de Despachos.[26]

---

[25] Estos fueron los primeros y únicos comicios electorales bajo la Carta Autonómica. El resultado oficial de los comicios fue 85,627 votos Liberales, contra 18,068 votos Puros. Los Liberales eligieron 27 miembros de la Cámara de representantes, y los Puros eligieron a cinco. Para más detalles ver: Ibid.

[26] Ibid.

El 9 de mayo de 1899 fue nombrado el último gobernador militar de Puerto Rico. En esta ocasión el Presidente William McKinley, nombró como gobernador militar al general George W. Davis. El gobernador Davis disolvió las Secretarías de Despacho y creó en su lugar el cargo de Secretario Civil y nombró al mismo a Cayetano Coll y Toste del Partido Ortodoxo o Puro.

Luego, de un año de gobierno militar, los líderes de los distintos partidos políticos en Puerto Rico -a pesar de sus profundas diferencias, a veces más personales que ideológicas- reclamaban que llegara a su final el régimen militar en la Isla. El deseo de este liderato de los dos partidos principales y, también, del incipiente Partido Socialista, era un discurso unido que reclamaba que Puerto Rico se convirtiera en un Territorio Incorporado bajo alguna ley orgánica civil, con miras a seguir el curso de convertirse en un Estado de la nación estadounidense.

Así continua la lucha del liderazgo político puertorriqueño para deshacerse del carimbo de la opresión reiterada y vergonzosa del gobierno militar. A un año de la invasión estadounidense, el liderazgo político insular estaba consciente de que lo que habían recibido de la nación que les prometió protección y respeto a su dignidad como pueblo, fue sólo una promesa hueca y vacía. Consecuentemente, comienzan los reclamos a la metrópolis para conseguir una ley orgánica civil que terminara con la ignominia del régimen militar.

La Ley Orgánica Foraker

Frente a la lucha que se venía dando en Puerto Rico -por el liderazgo político insular, debido a la insatisfacción con el gobierno militar- el Congreso estadounidense aprobó el proyecto de ley Foraker -sometido por el Senador Joseph B. Foraker, Republicano de Ohio, para constituir el gobierno civil de Puerto Rico- el 11 de abril de 1900. El presidente William McKinley lo convierte en Ley el 12 de abril de 1900. La Ley sería efectiva el 1 de mayo de 1900.

Sin embargo, la Ley Foraker, que vino a conocerse como la Ley Orgánica Foraker, realmente no dispuso lo que el liderazgo político de la Isla esperaba: La terminación del gobierno colonial estadounidense sobre Puerto Rico. La Ley Foraker[27] no le dio a los puertorriqueños la oportunidad para gobernarse. De hecho, mantuvo el gobierno de la Isla en las manos de un Gobernador estadounidense, un Consejo Ejecutivo dominado por miembros estadounidenses y un gabinete de gobierno estadounidense. Es decir, esta Ley puso en manos extranjeras y ajenas el gobierno de Puerto Rico. Dicho de otra manera, el poder de la metrópolis desconfiaba de la capacidad intelectual de los insulares para manejar el gobierno. Esta Ley consignaba para la Isla una expresión de un coloniaje burdo y humillante y, peor aún, no enunció promesa alguna para el destino del futuro político del pueblo de Puerto Rico. De manera que, el liderazgo político de la Isla, muy pronto comenzó expresar su desencanto con la Ley Foraker y a combatir la misma. Comprendieron, pues, que la nación -que supuestamente le traería libertad y democracia- no le ofreció lo que las trece colonias originales de esta nación, habían reclamado de Inglaterra. En un abrir y cerrar de ojos, las promesas que el General Miles[28] le hizo a los puertorriqueños en el inicio de la invasión, se hicieron "sal y agua".

---

[27] En mi libro, *100 años* después, hago un breve relato de las provisiones de la Ley Orgánica Foraker, Estrada-Adorno, *100 años después*, 39–41; Para un análisis detallado de la Ley Orgánica Foraker ver: Pagán, "Historia de los partidos políticos puertorriqueños (1898-1956)."

[28] En su primer mensaje el General Miles le dijo al pueblo invadido: "[Las] ... fuerzas militares han venido a ocupar la Isla de Puerto Rico. Vienen ellas ostentando el estandarte de la Libertad, inspiradas en el noble propósito de buscar a los enemigos de nuestro país, y del vuestro, y de destruir o capturar a todos los que resistan con las armas. Os traen ellas el apoyo armado de una nación de pueblo libre, cuyo gran poderío descansa en su justicia y humanidad para todos aquellos que viven bajo su protección y amparo. Por esta razón, el primer efecto de esta ocupación será el cambio inmediato de vuestras antiguas

La lucha contra el gobierno civil, propiciado por la inconformidad con la Ley Foraker, continuó ininterrumpidamente por dieciséis años, hasta que se aprueba el Acta Jones en el 1917. Durante todos esos años hubo una ardorosa oposición y denuncia, relacionadas con el trato del gobierno estadounidense al pueblo de Puerto Rico. Ya para el 1912, había una clara demanda del liderazgo político de Puerto Rico al gobierno estadounidense, para que definiera, de una vez y por todas, la condición política y la entidad social del pueblo de Puerto Rico.[29]

---

formas políticas, esperando, pues, que aceptéis con júbilo el Gobierno de los Estados Unidos. El principal propósito de las fuerzas militares americanas será abolir la autoridad armada de España y traer al pueblo de esta hermosa Isla la mayor suma de libertades compatibles con esta ocupación militar. No hemos venido a hacer la guerra contra el pueblo de un país que ha estado durante algunos siglos oprimido, sino, por el contrario, a traeros protección, no solamente a vosotros sino también a vuestras propiedades, promoviendo vuestra prosperidad y derramando sobre vosotros las garantías y bendiciones de las instituciones liberales de nuestro Gobierno. No tenemos el propósito de intervenir en las leyes y costumbres existentes que fueren sanas y beneficiosas para vuestro pueblo, siempre que se ajusten a los principios de la administración militar, del orden y de la justicia. Esta no es una guerra de devastación, sino una guerra que proporcionará a todos, con sus fuerzas navales y militares, las ventajas y prosperidad de la esplendorosa civilización." Pagán, "Historia de los partidos políticos puertorriqueños (1898-1956)."

[29] Así lo demandó un manifiesto de líderes de lo que vino a ser el Partido de la Independencia de la Isla de Puerto Rico, el 8 de febrero de 1912. Este manifiesto sólo reconocía dos soluciones decorosas a la situación política de pueblo del Puerto Rico: "[E]l reconocimiento de que Puerto Rico, después de un gobierno territorial transitorio, será un Estado soberano de los Estados Unidos de la América del Norte, o el reconocimiento de que Puerto Rico es una nación independiente que, empezará a gobernarse en un cercano futuro." El liderazgo de este partido expresó, además: "que no es justo que el Congreso de los Estados Unidos retenga en su poder por tiempo indefinido la soberanía de un pueblo orgulloso de su cultura, amante de sus libertades, dueño ante Dios y la razón humana de un país prodigo de riquezas, así como dotado de todas las energías necesarias para regir sus propios destinos." Por otro lado, el líder máximo del Partido Unionista, Luis Muñoz Rivera, no se expresaba con la misma claridad. Su pensamiento era más impreciso. Así se lo expresaba a Epifanio Fernández Vanga, el 2 de agosto1912: "Entre mi desideratum, que es la independencia, y mi modus operandi, que es la autonomía, encuentra su espíritu de

A esa demanda del liderazgo político de la Isla, se unió el gobernador estadounidense, George R. Colton y el presidente Woodrow Wilson, que pensaban que la Ley Foraker era una ley colonial. En un mensaje ante una recepción de un grupo de líderes, capitaneados por Antonio R. Barceló -el 19 de agosto de 1913- el gobernador, George R. Colton manifestó lo siguiente: "La Ley Orgánica que rige las actividades políticas de la Isla es desde ha-

---

análisis contradicciones serias. En realidad parecen existir, aunque no existen. La independencia es un ideal puramente abstracto. No puede realizarse. No se realizará nunca. Lo consignamos, lo mantenemos porque hay cosas superiores al cálculo, no sumisas al cálculo." De igual manera, en el mismo documento afirma: "Continúo repitiéndolo y lo repetiré con la firmeza de una convicción indestructible: americano, igual a los otros americanos, siempre; americano, subalterno de los otros americanos, jamás. Por Puerto Rico deseo ser americano; por Puerto Rico seré antiamericano al convencerme de que América es irrevocablemente injusta y opresora." Un año antes Luis Muñoz Rivera había expresado lo siguiente: "Nuestro problema tiene tres soluciones: la proclamación de Estado, que confundiría a nosotros con ustedes en la vida nacional; la concesión de gobierno propio (home rule), que uniría a nosotros con ustedes con un lazo sentimental de gratitud, y que sería el verdadero nexo para el intercambio de productos comerciales; y la concesión de la independencia, por ley del Congreso, que nos haría únicos dueños de nuestro destino. De estas tres soluciones, nosotros preferiríamos la primera; proponemos la segunda, y nos reservamos la tercera como el último refugio de nuestro derecho y nuestro honor. Y si esto no es comprendido por el pueblo americano, permitidme que os conjure para recordarles las sublimes palabras de Patrick Henry, con los cuales yo cierro mi discurso: "Yo no sé qué curso otros han de seguir, pero en cuanto a mi, dadme la libertad o dadme la muerte." Por otro lado, José de Diego, el líder de la independencia pensaba de la siguiente manera: "Pensar en una fórmula ambigua, intermedia, de un gobierno propio para Puerto Rico bajo la soberanía de los Estados Unidos, sin finalidad de Estado, organizando un régimen como el de Canadá o Australia, sería pretender introducir en la Constitución americana un elemento exótico, contrario a su espíritu. Así, pues, quedan dos soluciones: Puerto Rico, Estado de la Unión; Puerto Rico, Estado independiente. El ingreso de nuestra Isla en vuestra hermandad de Estados, hablemos franca y lealmente, es imposible; ni vosotros ni nosotros lo deseamos, ni lo creemos. Cerrado el camino hacia vuestra Federación, queda único y exclusivamente, como decisión del problema, el reconocimiento explícito de la República de Puerto Rico, bajo el protectorado de los Estados Unidos." Ibid.

ce largo tiempo inadecuada para la realización de sus fines, y debe ser objeto de enmiendas generales que respondan a las actuales condiciones, hijas del notable progreso efectuado desde que comenzó a regir dicha ley, en 1900."[30] Más tarde, el 7 de diciembre de 1915, el presidente Woodrow Wilson declaró ante el Congreso estadounidense y recomendó "la aprobación por el Congreso de medidas que concedieran un mayor grado de gobierno propio a Puerto Rico, y apuntó que pocas medidas serían más beneficiosas para ayudar a que se viera con claridad las normas de Estados Unidos en sus empeños por la paz y la buena voluntad y por la libertad económica y política de los pueblos."[31]

La Ley Orgánica Jones

Toda la larga lucha de dieciséis años de inconformidad con las provisiones de la Ley Foraker, propiciaron que finalmente el 20 de enero de 1916, se presentara en la Cámara de Representantes del Congreso estadounidense, el proyecto del representante William Jones, demócrata de Virginia. El proyecto tenía el propósito de presentar una nueva ley orgánica para regular las relaciones entre Puerto Rico y Estados Unidos y, de este modo, intentar atender la inconformidad del liderato político de Puerto Rico con la Ley Foraker. Las provisiones generales del proyecto proveían para separar los poderes ejecutivo y legislativo, otorgaba el senado electivo, y concedía la ciudadanía norteamericana colectivamente a los puertorriqueños.

Luis Muñoz Rivera, Comisionado Residente, luchó incansablemente a favor de la aprobación del Acta Jones, combatiendo dos disposiciones de la misma. Rechazó, por un lado, tajantemente, la que restringía el sufragio a las personas que no sabían leer y escribir o no eran contribuyentes. Sobre esta dispo-

[30] Ibid.

[31] Ibid.

sición señalaba que no alcanzaba a entender como a un grupo de puertorriqueños por no saber leer y escribir o no ser contribuyentes, "se les considera incapaces de participar en la designación de sus representantes en la Legislatura y en los municipios, mientras que, de otra parte, se les juzga perfectamente capaces de poseer con decoro la ciudadanía americana."[32] Por otro lado, también rechazó la disposición que le concedía la ciudadanía norteamericana colectivamente a los puertorriqueños. Con relación a esta disposición declaró en 1916, en el hemiciclo de la Cámara de Representantes estadounidense, lo siguiente:

> La plataforma democrática de Kansas City declaró hace catorce años, que «una nación no puede ser largo tiempo mitad imperio y mitad república, y que el imperialismo en el exterior conducirá rápida e inevitablemente al despotismo en el interior.» Esas no son frases puertorriqueñas, reflejadoras de la impresionabilidad latina, son frases americanas, reflejadoras del espíritu anglo-sajón, calmoso en sus actitudes y celoso, muy celoso de sus derechos.
>
> Sería extraño que habiéndose negado a concederla [la ciudadanía estadounidense] mientras la pidió la mayoría del pueblo, os decidáis a imponerla ahora que la mayoría del pueblo la rehúsa.[33]

Luego de esta dura batalla en Washington a favor de la aprobación de la Ley Jones, con sus estipuladas reservas, Luis Muñoz Rivera regresó enfermo a Puerto Rico en septiembre de 1916; dos meses más tarde, el 15 de noviembre, fallecía en Santurce. La muerte de Muñoz Rivera produjo una enorme conmoción en toda la Isla. Correligionarios y adversarios, por igual, expresaron su profundo duelo ante la partida del ilustre patricio puertorriqueño. En medio de este duelo nacional, el Dr. José Celso Bar-

---

[32] Ibid.

[33] Ibid.

bosa, su más enconado adversario político, se expresó de la siguiente manera:

> Veinte años hace que Muñoz y yo, nos encontramos frente a frente, luchando sin tregua, sin reposo, con el mismo entusiasmo, con la misma constancia, con la misma fe, y sin ceder una línea; y cuando más cerca nos encontrábamos de poder llegar a la cima de nuestros anhelos, y de confundirnos y estrecharnos por la obtención de la finalidad por ambos perseguida, acontece la muerte de Muñoz, y es su muerte un gran golpe a la felicidad de la patria que pierde en él a su más ilustre luchador.[34]

El Acta Jones fue aprobada por la Cámara de Representantes del Congreso estadounidense, en su sesión final de 1916, incluyendo la disposición restrictiva del sufragio. Sin embargo, no llegó a tiempo al hemiciclo del Senado para ser considerada en esa sesión.

Finalmente, el Acta Jones fue aprobada en la sesión ordinaria del Congreso estadounidense en el 1917. El Senado le introdujo varias enmiendas, entre ellas, eliminó las restricciones del sufragio, incluidas en el proyecto aprobado por la Cámara de Representantes, el año anterior. Sin embargo, mantuvo la extensión de la ciudadanía norteamericana colectivamente a los puertorriqueños. El proyecto se convirtió en ley con la firma del presidente Woodrow Wilson, el 2 de marzo de 1917. Lamentablemente, como a veces ocurre, Luis Muñoz Rivera no pudo disfrutar y celebrar la aprobación del proyecto por el que luchó por tantos años. ¡Así es la vida!

---

[34] Ibid.

Disposiciones generales de la Ley Orgánica Jones

La nueva Ley Orgánica Jones, en términos generales, mantiene las mismas disposiciones económico-fiscales de la Ley Foraker. No hubo cambios sustanciales en el renglón económico-fiscal de la Isla con la nueva ley.

En el área gubernamental, separa los tres poderes gubernamentales. La rama ejecutiva queda al mando de un Gobernador como mandatario ejecutivo, nombrado por el Presidente de los Estados Unidos. Acompañan en la función ejecutiva al Gobernador: un Secretario de Justicia, nombrado por el Presidente con el consentimiento del Senado Federal; un Tesorero, nombrado por el Gobernador con el consentimiento del Senado Insular; un Secretario de lo Interior, nombrado por el Gobernador con el consentimiento del Senado Insular; un Secretario de Instrucción nombrado por el Presidente con el consentimiento del Senado Federal; un Secretario de Agricultura y Trabajo, nombrado por el Gobernador con el consentimiento del Senado Insular; un Secretario de Salud, nombrado por el Gobernador con el consentimiento del Senado Insular; un Secretario Ejecutivo, nombrado por el Gobernador con el consentimiento del Senado Insular; y un Auditor, nombrado por el Presidente de Estados Unidos con el consentimiento del Senado Federal. Como se puede notar, las áreas claves en la administración de la rama ejecutiva quedan bajo la estricta supervisión del Presidente y el Congreso de Estados Unidos.

La Ley Orgánica Jones, dispuso que la rama legislativa, estaría compuesta de dos cámaras. De una parte, la Cámara de Representantes, integrada por 39 miembros electos por el pueblo. De otra parte, el Senado Insular, integrado por 19 miembros electos por el pueblo. Los poderes legislativos de la rama legislativa estarán restringidos única y exclusivamente a los asuntos locales de Puerto Rico.

Estados Unidos se reservaría todos los poderes en materia de defensa, aduanas, inmigración, correos, alumbrado marítimo y otros asuntos de soberanía nacional y de naturaleza federal. El Gobernador tendrá derecho a veto suspensivo sobre proyectos de ley aprobados por la rama legislativa. Sin embargo, será el Presidente el que decidirá finalmente el asunto. El Congreso se reservaría el derecho a legislar para Puerto Rico en todos los asuntos, y se reservaría, también, expresamente, el derecho a anular la legislación de las cámaras legislativa puertorriqueñas. En la rama judicial no hubo cambio alguno. La misma quedó organizada en forma igual que bajo la ley Foraker.

El poder judicial estaría en manos de los tribunales de Puerto Rico: el Tribunal Supremo, los tribunales de distritos y los municipales, ya establecidos durante el gobierno militar. La Ley también dispuso la creación del Distrito de Puerto Rico del Tribunal Federal, con funciones análogas a las que se procesaban en las cortes de circuitos estadounidenses. Se establece, además, el recurso de apelación ante la Corte Suprema estadounidense.

El Acta Orgánica Jones, además, incluyó disposiciones garantizando los derechos individuales . Sin embargo, la condición colonial de Puerto Rico no cambió en nada con la aprobación de la Ley Jones-Shafroth. La lucha por la vindicación de los derechos de la nación puertorriqueña, continuaría luego de la aprobación de Ley Jones-Shafroth.

Comparación de algunas disposiciones de la Carta Autonómica de 1897, la Ley Foraker de 1900 y el Acta Jones de 1917

Carta Autonómica 1897	Ley Foraker 1900	Ley Jones 1917
Decretada el 25 de noviembre de 1897	Promulgada el 12 de abril de 1900	Aprobada el 2 de marzo de 1917

Poder ejecutivo	**Poder ejecutivo**	**Poder ejecutivo**
Gobernador General, nombrado por el Rey de España.	Un Gobernador, nombrado por el Presidente de los Estados Unidos y aprobado por el Congreso estadounidense por cuatro años.	Un Gobernador, nombrado por el Presidente de los Estados Unidos.
Cinco Secretarios de Despacho del Gobernador General, compuestos de puertorriqueños:	Seis Secretarios de Departamentos compuestos de estadounidenses:	Se crean siete departamentos ejecutivos ocupados por estadounidenses:
De Gracia, Justicia y Gobernación De Hacienda De Instrucción De Obras Públicas y Comunicaciones De Agricultura, Industria y Comercio	Un Secretario Un fiscal General Un Tesorero Un Contador Un Comisionado del Interior Un Comisionado de Educación	Un Departamento de Justicia, cuyo jefe sería conocido con el nombre de Procurador General Un Departamento de Hacienda, cuyo jefe sería llamado, Tesorero Un Departamento del Interior, cuyo jefe sería conocido como Comisionado del Interior Un Departamento de Instrucción, cuyo jefe sería conocido como Comisionado de Instrucción Un Departamento de Agricultura y Comercio, cuyo jefe sería conocido co-
Los Secretarios de Despacho refrendaban los actos ejecutivos del gobernador relacionados a sus departamentos y eran responsables ante el Parlamento Insular.	Todos estadounidenses y debían residir en Puerto Rico durante el término de su cargo oficial.	
	Junto a cinco puer-	

El Gobernador General convocaba al Parlamento Insular para las sesiones legislativas y podía suspender las leyes aprobadas y disolver las Cámaras.

torriqueños constituirían el Consejo Ejecutivo del gobernador. Este Consejo Ejecutivo tendría funciones ejecutivas y legislativas.

mo Comisionado de Agricultura y Comercio

Un Departamento del Trabajo, cuyo jefe sería conocido como Comisionado del Trabajo

Un Departamento de Salud, cuyo jefe sería conocido como Comisionado de Salud

Los jefes de los departamentos ejecutivos enumerados arriba, serían nombrados por el Gobernador con el consejo y consentimiento del Senado de Puerto Rico.

Cada uno de los secretarios ocuparía el cargo mientras permaneciera en el poder el Gobernador por quien fue nombrado y hasta que su sucesor tomara posesión, a menos que fuera antes destituido por el Gobernador.

Rama Legislativa	Rama Legislativa	Rama Legislativa
Un parlamento Insular compuesto de dos Cámaras: Consejo de Administración y la Cámara de Representantes. El Consejo de Administración estaba compuesto de quince miembros, ocho de elección popular, y siete nombrados por el Gobierno de España La Cámara de Representantes, en su totalidad de elección popular, compuesta de treinta y dos miembros. Estas cámaras tenían plenas facultades legislativas, excepto sobre aquellos asuntos reservados a la autoridad española.	El poder legislativo estaría en manos de una Asamblea Legislativa compuesta de un Consejo Ejecutivo de 11 miembros, seis estadounidenses y cinco puertorriqueños, que servirían también como gabinete del Gobernador, y una Cámara de Delegados de 35 miembros, elegidos por el pueblo cada dos años. Las leyes aprobadas por esta Asamblea Legislativa podrían ser vetadas por el Consejo Ejecutivo, por el gobernador y por el Congreso y Presidente estadounidense.	El poder legislativo estaría en manos de una Asamblea Legislativa compuesta de un Senado de 19 miembros (5 miembros por acumulación) y una Cámara de Representantes de 39 miembros (4 miembros por acumulación).

Rama Judicial	**Rama Judicial**	**Rama Judicial**
Sala de lo Civil de la Audiencia Territorial Tribunal Pleno de la Audiencia Territorial Tribunal Supremo del Reino	El poder judicial estaría en manos de los tribunales de distrito y del Tribunal Supremo. Se estableció, además, la Corte de Distrito de los Estados Unidos para Puerto Rico	El poder judicial estaría en manos de Cortes: municipales, de distritos y el Tribunal Supremo. Se mantiene la Corte de Distrito de los Estados Unidos para Puerto Rico
Representación en la metrópolis	**Representación en la metrópolis**	**Representación en la metrópolis**
Puerto Rico era representado por diez y seis diputados y cinco senadores con plenos derechos en las Cortes Españolas.	Se creó el puesto de Comisionado Residente en Washington, elegido por el pueblo cada dos años. No se sentó en la Cámara de Representantes federal hasta el 1904, pero sólo con voz y sin voto.	Se mantiene un Comisionado Residente en Washington con voz y sin voto en la Cámara de Representantes Federal.

Ciudadanía	Ciudadanía	Ciudadanía
La ciudadanía del Reino de España	Se crea un cuerpo político llamado el "pueblo de Puerto Rico, con ciudadanía puertorriqueña sin ninguna validez internacional.	Se otorga la ciudadanía americana colectivamente a todos los puertorriqueños.

Capítulo 2: Contexto económico y social de la *infancia de la misión pentecostal* puertorriqueña

Como he indicado ya, en otro lugar[35], el cambio de soberanía del gobierno español a manos del gobierno estadounidense, no cambió radicalmente la situación económica y social del pueblo puertorriqueño. Esas dos primeras décadas del siglo XX fueron muy duras y dolorosas para este pueblo, empobrecido económicamente, con pésima salud y pobre educación. La situación económica y social se agravaba por varios factores que se conjugaban para impedir el desarrollo socio-económico de la Isla.

En primer lugar, la Isla se enfrentó a fenómenos naturales como el huracán San Ciriaco -8 de agosto de 1899- que crearon desesperanza y desasosiego en el pueblo. Ya vimos algunos detalles de los efectos negativos de este fenómeno atmosférico sobre la Isla, en mi volumen anterior sobre la llegada de pente-

---

[35] Estrada-Adorno, *100 años después.*

costés a Puerto Rico.[36] De modo que, la situación económica del puertorriqueño se agravó con los efectos destructivos de este desastroso huracán. A la enorme tragedia de la pérdida de vidas –cerca de 3,369- se sumó la destrucción del cultivo del café en la zona montañosa. San Ciriaco, no sólo arrasó con la cosecha cafetalera de ese año, sino que también, "destruyó el 80 % de los árboles de café."[37] Esto de por sí representaba una gran pérdida para años subsiguientes, ya que los árboles de café necesitaban varios años de desarrollo para dar fruto.

En segundo lugar, la Isla se enfrentó al desarrollo del monocultivo de la azúcar. Los empleos que producía la industria azucarera eran de temporada. Sólo producían empleos unos meses al año; cuando se acababa la "zafra" –el corte, recolección y molienda azucarera- se apoderaba de los jornaleros lo que se conocía como el "tiempo muerto", es decir, la temporada donde no había trabajo y prevalecía en el hogar del jornalero puertorriqueño, la desesperanza, la carestía y el hambre. A la llegada de los estadounidenses a la Isla, ya el monocultivo de la azúcar dominaba la agricultura. Sin embargo, con el enorme influjo de capital estadounidense a esta industria agrícola, se solidificó la misma como monocultivo en el nuevo gobierno colonial. En este nuevo escenario se produjeron tres factores que afectaron la situación socio-económica de la Isla.

Primero, se crean grandes latifundios azucareros que controlaban la mayoría de la tierras cultivable de la Isla y la siembra de caña de azúcar. Esto no dejó mucho espacio para el cultivo de los llamados "frutos menores" –esto es, la producción de alimentos para el pueblo- y se intensificó la dependencia en la importación de alimentos del exterior para suplir las necesidades alimentarias del pueblo. Segundo, los productores locales de caña, se convierten en "colonos". Es decir, agricultores locales que

---

[36] Ibid., 42.

[37] "hpr_1900-19291.pdf," accessed April 19, 2016, https://repasopcmasumet.files.wordpress.com/2008/12/hpr_1900-19291.pdf.

sembraban caña de azúcar. Estos productores locales de caña, como no podían competir en contra de los grandes emporios azucareros, terminaron vendiéndoles sus tierras y sólo sembraban la caña, que luego vendían a las grandes centrales azucareras en la Isla.[38] La operación empresarial agraria de los colonos dependía económicamente de las centrales azucareras y se convirtieron en súbditos del poder económico de las mismas. Nunca podían terminar de pagar la deuda económica que contraían con las centrales para poder sufragar los gastos asociados al cultivo de la caña. De esta manera, las ganancias de la producción del monocultivo de la azúcar, caía totalmente en manos de capital absentista, que no se traducía en mejoras socio-económicas para el pueblo puertorriqueño.

Tercero, los trabajadores se convirtieron en "empleados asalariados" de las plantaciones de azúcar con sueldos de hambre.[39] Más que "empleados" eran esclavos que trabajaban doce horas diarias; esto es, trabajo "de sol a sol" en pésimas condiciones de empleo. Ya no se podían beneficiar –como "agregados"- del usufructo de las fincas, sembrando "frutos menores" y criando animales para su alimentación diaria básica. Además, también, los trabajadores venían obligados a comprar los productos para su alimentación de las tiendas de la plantación, con precios muy inflados. El pago de lo adquirido, se le deducía de su "jornal" –sueldo-, obligándolos a continuar comprando a crédito.

El "jornalero" –como se le llamaba al trabajador asalariado- nunca terminaba de pagarle la deuda a la central azucarera. De esta manera, las centrales azucareras controlaban la vida de sus jornaleros, pues los sometían al chantaje constante de la posibilidad de la pérdida del empleo, vivienda y crédito para

---

[38] Los siguientes fueron los grandes emporios azucareros en Puerto Rico: Fajardo Sugar Company, United Porto Rican Sugar Company, Central Aguirre Sugar Company y la South Porto Rico Sugar Company. Entre todos controlaban 180,982 cuerdas.

[39] El salario del trabajador rondaba entre los 75 centavos y un dólar por una jornada de trabajo de doce horas.

comprar los productos de primera necesidad para su alimentación básica. En otras palabras, los productores de las riquezas de los emporios azucareros -los trabajadores- vivían cada día frente a la amenaza de la pérdida de los recursos para proveerse sus necesidades básicas de protección y continuaban empobreciéndose, irremediablemente. Así, de ese modo, los emporios azucareros –que obtenían enormes ganancias, mientras la mayoría de los puertorriqueños y puertorriqueñas vivían en la pobreza- dominaban la vida de los "colonos" y los "jornaleros" de la Isla y controlaban la vida política, económica y social del pueblo puertorriqueño.

La salud del pueblo durante esas dos décadas fue muy pobre. Como siempre el pueblo pobre y los más frágiles -la mayoría del pueblo- sufrieron los embates de enfermedades como la diarrea, la disentería, el tétano, la anemia, la tuberculosis, y la tos ferina. Las pésimas condiciones de salud pública aumentaron el contagio de muchas de estas enfermedades. Aunque hubo esfuerzos serios del gobierno para atender esta grave situación de la salud pública del pueblo, la pobreza, los limitados medios de transportación, y la ignorancia general del campesinado, impidieron que las iniciativas gubernamentales, tuvieran los resultados positivos esperados.

La educación pública , por su parte, comienza a desarrollarse de inmediato durante estas dos primeras décadas del siglo XX. El gobierno estadounidense entendió que la educación pública era indispensable para el proceso de americanización de la nueva colonia. En este periodo –por medio de la Ley Foraker- se creó el Departamento de Instrucción, para dirigir la educación pública de Puerto Rico y de una forma coordinada y ordenada, iniciar el proceso de americanización y "civilización" de los nuevos súbditos.[40]

---

[40] El número de estudiantes, maestros y escuelas aumentó considerablemente. En 1899 asistían a las escuelas públicas 21,873 estudiantes. Veinte años después la matrícula escolar había aumentado a 156,563 estudiantes. El número de maestros se elevó de 525 en 1899 a 2,984 en 1919. El nivel de gasto

El proceso de americanización, esgrimía las ideas de la libertad, la democracia, la civilización y el capitalismo. El nuevo sistema intentaría articular y viabilizar el desarrollo económico, social y cultural de una sociedad moderna en la Isla. Como parte del proceso de americanización, se impuso la enseñanza en la escuela pública en el idioma inglés. Sin embargo, hubo algunas situaciones del proceso de la enseñanza en inglés que descuidó el Departamento de Instrucción, que imposibilitaron hacer del inglés el idioma de los puertorriqueños. En primer lugar, no había suficientes maestros que dominaran el idioma inglés, para la enseñanza de todas las materias en inglés. En segundo lugar, el idioma en el hogar, el vecindario y escuela fuera del salón de clases era el español. Tercero, un por ciento muy alto[41] de la matrícula escolar abandonaba la escuela pública luego del tercer grado. Por último, pero no menos importante, los maestros, literatos puertorriqueños y una gran parte del pueblo, dieron una dura lucha en contra de la imposición del inglés como vehículo de enseñanza en la escuela pública y como idioma cotidiano del pueblo, porque veían al inglés como una sería amenaza a la cultura puertorriqueña. En fin, desde el mismo inicio de la relación colonial con la metrópolis estadounidense, este pueblo resistió –airosamente- el impacto cultural de la relación con Estados Unidos y preservó sus costumbres y su peculiar personalidad hispánica propia e inconfundible, a pesar de la intensión de todo el proyecto de americanización de la metrópolis estadounidense.

En conclusión, se puede decir que la realidad socioeconómica de Puerto Rico, durante las dos primeras décadas del siglo veinte, era dolorosa y angustiosa. Estuvo caracterizada por

---

público comprueba la importancia dada por el gobierno a la educación. En 1902, el presupuesto educativo ascendió a $503,000 (el 28% del total de gastos gubernamentales). Para 1919, el presupuesto educativo alcanzó los $2.5 millones de dólares o el 42% de los gastos del gobierno insular. "hpr_1900-19291.pdf."

[41] Se ha estimado que un 80% de los niños y niñas abandonaban la escuela pública (luego del tercer grado) durante las dos primeras décadas del siglo XX..

el empleo estacional. Los principales productos agrícolas de la Isla –la caña de azúcar, el café y el tabaco- sólo ofrecían empleos estacionales. Es decir, los empleos estaban disponibles sólo durante la temporada de cosecha de los cultivos y el resto del año los trabajadores estaban desempleados. "El resultado era una miseria enorme que arropaba la Isla, caracterizada por la escasez de alimentos y el hambre."[42] La salud pública era muy pobre. Las enfermedades contagiosas mermaban la salud y la capacidad productiva del pueblo y no les ofrecían muchas expectativas de vida plena a la mayoría del pueblo. Prevalecía en la vida del pueblo una conmovedora situación de depresión social, moral y desventura física. La educación pública, por un lado, tenía la encomienda principal de americanizar y "civilizar" a los puertorriqueños y puertorriqueñas y no podía proteger adecuadamente la calidad de la enseñanza del pueblo. Vale la pena destacar, por otro lado, que este fue el período donde se estableció la Universidad de Puerto Rico –mi alma *mater*- que a lo largo de los años, ha sido un bastión incólume en los debates, luchas políticas y sociales en la defensa de la nación puertorriqueña.

Del contexto político y socio-económico, nos movemos al contenido religioso de la *infancia de la misión pentecostal* puertorriqueña

[42] "hpr_1900-19291.pdf."

Capítulo 3: Contexto religioso de la *infancia de la misión pentecostal* puertorriqueña

Otro elemento fundamental para entender la importancia de la llegada del evangelio pentecostal a Puerto Rico, es la situación religiosa del pueblo durante los primeros veinte años de la soberanía estadounidense en la Isla. Puerto Rico era un país católico al momento de la invasión estadounidense.

Desde 1511, cuando se fundó la Iglesia Católica en Puerto Rico, hubo un Concordato entre la corona española y la Santa Sede sobre el proyecto colonizador de la Isla. De ese modo, ambas se apoyaban en el proyecto colonizador. El Estado auspiciaba el establecimiento y mantenimiento de la Iglesia en el nuevo mundo y los religiosos apoyarían las operaciones coloniales del Estado. Por consiguiente, la Iglesia Católica quedaba como la única fe religiosa y como la religión oficial del Estado. La primera iglesia católica se fundó en el primer poblado puertorriqueño, llamado Caparra en el 1512. En su origen la diócesis de la Isla estuvo bajo la hegemonía de la diócesis andaluza de Sevilla. Alonso Manso fue nombrado primer obispo de la diócesis de Puerto Rico. El Concordato entre Estado e Iglesia permaneció por cerca de 400 años.

Durante el último cuarto del siglo XIX, comienzan a aparecer los primeros grupos protestantes en la Isla, en Vieques, Fajardo, Luquillo y Naguabo.[43] Don José Antonio Badillo Hernández, precursor del grupo los "Bíblicos", estuvo relacionado con la obra protestante en el barrio Maleza Alta de Aguadilla y en el barrio la Montaña, antes de la penúltima década del siglo XIX. Para esta época, "ya Badillo había organizado la primera escuela en su barrio, ya había establecido el primer centro de salud de emergencia en su casa y ya se daban servicios de predicación en distintos barrios del municipio de Aguadilla."[44]

Con la llegada del ejército estadounidense a la Isla, llegan también los misioneros de las iglesias protestantes estadounidenses. De igual manera que los misioneros católicos, que arribaron a la Isla junto con los conquistadores españoles, los misioneros protestantes también se organizaron para ser parte de la empresa colonizadora del imperio estadounidense. El 13 de julio de 1898, los principales ejecutivos de la principales denominaciones protestantes estadounidenses se reunieron en la ciudad de Nueva York para organizar la tarea evangelizadora protestante en la Isla, sin contiendas y en un espíritu de unidad, para evitar la competencia que habían experimentado en otros campos misioneros. En esa reunión los ejecutivos reunidos acordaron con relación a la obra misionera en Puerto Rico lo siguiente: "[E]s deber del protestantismo de Estados Unidos darles a estos habi-

---

[43] Ya para el 1872 había misiones anglicanos en Fajardo, Luquillo y Naguabo. Estos grupos estaban relacionados con los inmigrantes negros de las islas británicas caribeñas que venían a trabajar a Puerto Rico y trajeron consigo su fe protestante anglicana. En el 1873 se construyó el primer templo anglicano en Ponce. Sobre los protestantes en Puerto Rico durante el periodo español. favor de consultar la excelente obra de mi querido amigo, ya en la presencia del Señor, Ángel Luis Gutiérrez:, *Evangélicos en Puerto Rico en la época española* (Guaynabo, PR: Editorial Chari, 1997); Donald T. Moore, "Los evangélicos en Puerto Rico desde el siglo XIX - Moore_historia_prico.pdf," accessed April 19, 2016,http://www.prolades.com/cra/regions/caribe/pri/Moore_historia_prico.pdf.

[44] Moore, "Los evangélicos en Puerto Rico desde el siglo XIX - Moore_historia_prico.pdf."

tantes insulares una fe más pura y que las juntas sean sostenidas a esos fines".[45] Una vez llegaron los misioneros a la Isla, los secretarios ejecutivos de las juntas denominacionales, se reunieron para concertar el pacto que habían discutido meses antes.[46] Como resultado de esta reunión -donde también oraron arrodillados alrededor de un mapa de la Isla, que habían colocado sobre una mesa para confirmar su pacto de trabajo misionero libre de hostilidades- dividieron la Isla en cuatro áreas de responsabilidades que fueron asignadas a las cuatro juntas misioneras.[47] La división de la Isla para el trabajo misionero, en términos generales, seguía el siguiente patrón geográfico: los presbiterianos laborarían en el área oeste ; los Evangélicos Unidos en el área este; los Discípulos de Cristo en el área norte, y los Bautistas, siguiendo la carretera de San Juan a Guánica. Esta división por zonas para el trabajo misionero de las denominaciones de la *misión protestante,* dejó fuera a las ciudades de San Juan y Ponce. Por ser ciudades más grandes, se acordó permitir el trabajo misionero de todas las denominaciones.

---

[45] Sobre este proceso véase a Samuel Silva Gotay, *Protestantismo y política en Puerto Rico, 1898-1930: hacia una historia del protestantismo evangélico en Puerto Rico* (La Editorial, UPR, 1998), 111–120.

[46] Samuel Silva Gotay ubica esta reunión ocho meses después de la llegada de los misioneros a Puerto Rico, en el 1899. Ibid., 112.

[47] Los ejecutivos que participaron de esta reunión pertenecían a las iglesias presbiterianas, las bautistas Americanas, las congregacionales y la Iglesia Metodista Episcopal. Debo aclarar que diferentes fuentes señalan diferentes grupos presentes en esta reunión. Por ejemplo, de acuerdo con C. D. Ryder, de la Asociación Misionera Americana, señala que habían presentes en esta reunión nueve diferentes organizaciones (CCWLA 1917b: 324–25, citado por José Enrique Mora Torres, "The Political Incorporation of Pentecostals in Panama, Puerto Rico and Brazil: A Comparative Analysis" (University of Connecticut, 2010),138,
http://www.prolades.com/cra/regions/cam/pan/tesis.completa.jose.mora.may.2010.pdf; Ya iniciada la *misión protestante* en la Isla hicieron acomodos razonables para incluir en el arreglo geográfico a los Discípulos de Cristo, la Alianza Cristiana y Misionera, los Hermanos Unidos en Cristo, la Iglesia Cristiana de los E.U. y la Iglesia Luterana Evangélica en América del Norte. Véase, también a Gotay, *Protestantismo y política en Puerto Rico, 1898-1930*, 112.

El trabajo evangelístico de los misioneros estadounidenses acompañó el proceso de "americanización" y "civilización" que era la punta de lanza del gobierno del imperio estadounidense.

El crecimiento de la *misión protestante* no se hizo esperar. De mi libro, *Cántico borincano de esperanza: Historia de la distribución de la Biblia del 1898 al 1998*[48] les ofrezco un apretado resumen de la *misión protestante* a la Isla a principios del siglo XX.[49]

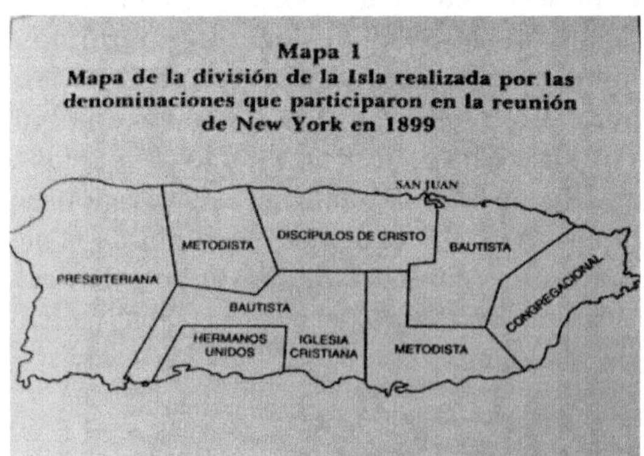

En el 1900 la Iglesia Luterana estableció en San Juan una congregación de habla inglesa compuesta mayormente de personas de Saint Thomas y otras islas del Caribe de habla inglesa. Junto a esta iglesia se organizó otra congregación en español que tenía alrededor de 20 miembros, mientra que la de habla inglesa tenía alrededor de 42 miembros. De igual modo, la Iglesia Lute-

---

48 Wilfredo Estrada Adorno, *Cántico borincano de esperanza: Historia de la distribución de la Biblia del 1898 al 1998* (Bayamón, PR: Sociedades Bíblicas de Puerto Rico, 2000).

49 Este mapa fue tomado con permiso del libro de Gotay, *Protestantismo y política en Puerto Rico, 1898-1930*, 113. Samuel lo reprodujo y tradujo de *Missionary Review of the World*, xxviii, Aug. (1915), 577.

rana estableció una misión en Cataño con una asistencia a la Escuela Dominical de 125 personas.

Cerca de 1902 la Iglesia Metodista era el proyecto misionero más grande en Puerto Rico. El trabajo misionero se había iniciado bajo la superintendencia del reverendo Dr. Charles Dress en 1900.[50] En San Juan tenían tres iglesias; una de habla inglesa y otras dos en español. La de habla inglesa tenía alrededor de 30 miembros y esa misma cantidad en la matrícula de la Escuela Dominical; las de habla español tenían cerca de 130 miembros y 280 alumnos en la Escuela Dominical. La Iglesia metodista inicio en esos primeros años de su labor misionera, obras en Arecibo, Utuado, Guayama, Vieques, Aibonito y Ponce.

La Iglesia Presbiteriana desarrolló un proyecto misionero importante entre 1901 y 1902. La comunidad situada en Santurce fue la primera congregación que adoró en un templo luego de la ocupación estadounidense. Tanto en español como en inglés, tenían como 200 miembros y la asistencia a la Escuela Dominical alcanzaba cerca de 250 alumnos.

Toda la parte occidental desde Quebradillas hasta Sabana Grande estaba ocupada por la Iglesia Presbiteriana. La obra comenzó en Mayagüez bajo la dirección del Rvdo. M. Caldwell, en julio de 1899. El reverendo J. E. Underwood pastoreaba la iglesia de Aguadilla, constituida por 254 miembros. El reverendo J. G. Woods pastoreaba en San Germán, donde había organizado una iglesia con 15 miembros. El reverendo J. A. McCallister estaba en Isabela y Aguadilla. Había de ocho a diez campos de predicación en el distrito, donde asistían entre 400 a 500 estudiantes a la escuela Dominical.

La Iglesia Bautista, por su parte, inicia su tarea misionera bajo la tutela del reverendo Hugo McCormick.[51] Este misionero

---

[50] Ibid., 117.

[51] Silva Gotay, señala que antes de la asignación del reverendo Hugo McCormick, como misionero bautista, en el 1898 llegó a la Isla el reverendo William Sloan -quien era misionero bautista en México- "para tomar unas

llegó a la Isla el 2 de febrero de 1899.[52] En su primera década de trabajo misionero, tenía organizada alrededor 12 iglesias repartidas a lo largo de lo que se conocía como la carretera militar (Carretera número 1). Estas iglesias estaban situadas en San Juan, Río Piedras, Carolina, Caguas, Aguas Buenas, Cayey, Coamo, Playa de Ponce, Adjuntas y Yauco. Tenían alrededor de 550 miembros y una asistencia a la Escuela Dominical de cerca de 600 personas.

La obra de la Iglesia Episcopal tenía trabajo misionero en San Juan, con el Obispo James Van Buren y su ayudante el reverendo F. Flewelling. En Ponce con el reverendo H. B. Thomas y en Vieques con el reverendo H. B. Bean.[53] En estas tres iglesias había alrededor de 175 miembros. Todos los servicios eran en inglés, excepto en San Juan donde el servicio se mantenía en español.

La Iglesia Alianza Cristiana y Misionera se estableció en Barceloneta y Manatí en el año 1900. El reverendo Ángel Villamil Ortiz, un exsacerdote católico, estuvo a su cargo. Villamil vino a Puerto Rico procedente de Venezuela, donde se había convertido a la fe protestante. A éste se le unieron los misioneros J. F. Droster, M. Hester e I, R. Parker. Silva Gotay afirma: "Predicó a los asientos vacíos y a los noveleros que pasaban por casi un año, hasta que se dieron las primeras conversiones."[54] El trabajo misionero logró en esos primeros años alrededor de 110 miembros y una asistencia a la Escuela Dominical de 78 alumnos.

---

vacaciones y echar un vistazo a la situación. A fin de mes ya estaba predicando en español en la ciudad de Ponce, dictando conferencias en la Casa Alcaldía de Río Piedras y predicando en las carreteras a pesar de la oposición de la Iglesia Católica", Ibid., 116–117.

[52] Ibid.

[53] Ibid., 116.

[54] Ibid., 118–119.

La obra de la Iglesia Congregacional en Puerto Rico estuvo bajo el cuidado de la Asociación Misionera Americana y comenzó en Fajardo en diciembre de 1899 con el reverendo John Edwards. En Humacao el misionero era F. E. Castro, oriundo de Cuba y convertido del catolicismo. La Iglesia Congregacional también tenía una misión en Lares, cuyo misionero era el reverendo S. L. Hernández, oriundo de México. El total de miembros de estas tres iglesias era de 218 miembros.

Los Hermanos Unidos, por su parte, tenían dos misioneros estadounidenses en la Isla: el reverendo W. H. Huffman en Ponce y el reverendo P. W. Drury en Juana Díaz. Huffman llegó a la Isla en julio de 1899. Ambos misioneros, durante los primeros años, organizaron una congregación de 50 miembros con una asistencia a la Escuela Dominical de cerca de 225 alumnos.

La iglesia Cristiana se había establecido en Ponce y la obra estaba a cargo del reverendo D. P. Barrett. En el 1903, se organizó una iglesia con 8 miembros. Por otro lado, el reverendo T. H. White estaba en Salinas y tenía 6 escuelas dominicales y 5 campos de predicación.

Para el 1902 la Iglesia Cristiana Discípulos de Cristo tenía sus oficinas centrales en San Juan y el reverendo W. M. Taylor era el supervisor de la obra. En ese momento la iglesia tenía alrededor de 6 campos de predicación en el área de San Juan y ya había organizado un grupo en Mayagüez. El total de miembros de la misión era de 192.

La Iglesia Adventista del Séptimo Día comenzó la obra en Mayagüez en el 1902. Su primer misionero, el reverendo Albert M. Fisher, murió víctima de la fiebre de la tifoidea, luego de 10 meses en el campo misionero. Su viuda, Ida Fisher, continuó su trabajo distribuyendo literatura. Luego de la muerte de Fisher, otro misionero, el reverendo B. E. Connerly, llegó de Estados Unidos para unirse al trabajo de la obra adventista.

En una evaluación del estado de situación del crecimiento de la *misión protestante* en el momento de formarse la Federación de Iglesias Evangélicas de Puerto Rico, el teólogo y sociólogo, Samuel Silva Gotay afirma:

> Para el 1905 cuando se fundó la Federación de Iglesias Evangélicas de Puerto Rico, ya había 52 misioneros norteamericanos, 28 maestros, 86 predicadores nativos, 299 puntos de predicación, 91 iglesias organizadas, 131 escuelas dominicales, 7,893 miembros que tomaban la comunión y 14,00 oyentes no bautizados todavía, además de 30,00 Biblias en circulación.[55]

Esta *misión protestante* estadounidense produjo una iglesia protestante puertorriqueña colonizada y muy a fin con la ideología y cultura del pueblo invasor. Le ofreció una legitimación religiosa a todo el proceso de "americanización" y "civilización" impuesto por la metrópolis estadounidense en la Isla. Afirmaba, desde la perspectiva del mensaje protestante, que Estados Unidos había llegado a Puerto Rico como parte de la voluntad de Dios para educar, civilizar y salvar el pueblo puertorriqueño. Es bueno señalar que los primeros misioneros protestantes y los gobernantes estadounidenses en la Isla, por lo general, adoraban en el mismo lugar y, por razones de su cultura, compartían espacios sociales comunes. Sostengo que los misioneros protestantes estaban persuadidos de que la misión secular del pueblo estadounidense era "civilizar" a los puertorriqueños y puertorriqueñas, y que esta convicción de los misioneros contribuyó más efectivamente a la "americanización" del pueblo puertorriqueño que el diseño gubernamental y la imposición por la fuerza del proceso de "americanización". El mensaje del evangelio protestante ayudó a que los nuevos convertidos protestantes asimilaran muy sutilmente los valores y creencias del pueblo estadounidense. De este modo, el mensaje de la *misión protestante* "idealizaba la nación estadounidense como una nación fundada

---

[55] "Política cultural del protestantismo en Puerto Rico después de la invasión norteamericana desde el 1898 hasta el 1930," accessed December 15, 2015, http://www.enciclopediapr.org/esp/article.cfm?ref=15110601.

sobre el Evangelio, lo cual servía de motivo para la defensa de la asimilación total por razones exclusivamente religiosas."[56]

[56] Ibid. Para una investigación exhaustiva sobre la participación de la *misión protestante* en el proceso de americanización del pueblo puertorriqueño, consulte el clásico de Gotay, *Protestantismo y política en Puerto Rico, 1898-1930*.

Capítulo 4: La *misión pentecostal* puertorriqueña

Lo que compartimos en los capítulos anteriores, fue la realidad política, social, económica y religiosa que el joven Juan L. Lugo y sus compañeros de la *misión pentecostal,* encontraron cuando llegaron con el evangelio pentecostal a Puerto Rico en el 1916. Es dentro de este complicado contexto que me propongo examinar la huella dejada en el pueblo puertorriqueño por la *misión pentecostal* en la Isla. Este periodo examina lo que he llamado la *infancia de la misión pentecostal* e incluirá lo sucedido entre los años 1916 al 1925.

A la llegada de Juan L. Lugo a Puerto Rico -el 30 de agosto de 1916- para iniciar la *misión pentecostal* era un joven de veintiséis años, con poca experiencia en su fe pentecostal y con muy poca educación secular y formación ministerial.[57] Llegó a Puerto

[57] La experiencia de conversión de Juan L. Lugo a la fe pentecostal ocurrió el 13 de junio de 1913. Apenas tenía tres años de experiencia desde su conversión, cuando llegó a Puerto Rico. No había asistido a ninguna escuela formal de educación ministerial. Como indicamos en Estrada-Adorno, *100 años después*; su formación ministerial se había dado en la iglesia local y en institutos bíblicos caseros. En el mejor sentido de la palabra, Lugo fue un auténtico autodidacta en su formación ministerial. De igual modo, su educación secular en la

Rico impulsado por su compromiso de respuesta personal a un llamado sobrenatural que recibió de su Dios, para evangelizar con el evangelio pentecostal su tierra natal, de la cual había salido hacia dieciséis años, cuando sólo tenía diez años.

La experiencia de su llamado misionero para regresar a su país, Lugo la experimentó en el hogar de los esposos Feliciano, en la ciudad de San Francisco, California. En este Estado de la nación estadounidense, Lugo quería labrarse su futuro sin ningún deseo de regresar a Puerto Rico.[58] Pero los caminos del Señor fueron más altos que sus caminos y de una manera sobrenatural, Dios cambia los planes del joven Lugo. Él describe su experiencia sobrenatural de llamado misionero a Puerto Rico de la siguiente manera:

Juan L. Lugo

> Mientras estaba en el suelo tendido bajo el poder de Dios, el Señor me llevó en el Espíritu a una alta colina a cuya falda se extendía una grande ciudad. Como había salido de Puerto Rico muy pequeño, apenas recordaba el pueblo de Yauco, sin embargo, el Espíritu me hizo saber que la ciudad que ahora contemplaba era Ponce, la bella Perla del Sur, y el sitio donde me encontraba era el Vigía. Aquel era el lugar donde tendría que ir ahora a llevar el mensaje de salud. Dios me ordenaba ir y en mi corazón el gozo era indescriptible.[59]

---

escuela en Hawái llegó hasta el cuarto grado. Fue una educación en inglés para un inmigrante puertorriqueño que, en ese momento, su idioma principal era el español, con todas las limitaciones que esa realidad lingüística le imponía al proceso de educación. Así que la *misión pentecostal* puertorriqueña estuvo dirigida desde sus comienzos por autodidactas con una profunda experiencia de conversión al evangelio pentecostal y una enorme pasión por compartir su fe con el pueblo pobre y sufrido.

[58] Juan L. Lugo, *Pentecostés en Puerto Rico: La vida de un misionero* (San Juan, PR: Puerto Rico Gospel Press, 1951), 23.

[59] Ibid., 23–24.

(Ver nota de la foto al pie[60])

Con este llamamiento sobrenatural, Juan L. Lugo llegó al Puerto Rico que les describí en las páginas anteriores y que resumo en forma sucinta en las siguientes párrafos:

Una colonia estadounidense en el Caribe, decepcionada con las promesas de la metrópolis. Un pueblo pobre, con una salud en pésimo estado, con un alto nivel de analfabetismo, con uno monocultivo de la caña de azúcar que no auguraba mucho futuro para la Isla, pues comenzaba a ser administrado por capital absentista, y una educación pública muy frágil, encaminada a "americanizar" a los súbditos del imperio. Un pueblo con una

---

[60]Esta es una foto –una joya histórica- de la primera iglesia pentecostal puertorriqueña de Hawaií, donde se convirtieron Juana María Caraballo Feliciano y Juan L. Lugo. Ambos aparecen en la foto debajo de la X que se ve en la pared del templo. La foto me la facilitó el doctor Benjamín Alicea-Lugo, nieto del reverendo Juan L. Lugo. Ben la recibió de la hermana Elizabeth Alicea Torres, hija del reverendo Juan Alicea Sánchez, quien fuera pastor de la iglesia en Hawaií entre los años 1979 al 1984.

clase política en pos de sus propios beneficios e ideologías y a espaldas de la realidad del pueblo.

Además, religiosamente dirigido por una Iglesia Católica en proceso de transición de un clero español puertorriqueñista a un clero estadounidense "americanizante". En esta tensión de la Iglesia Católica estadounidense de mantener la fe de un pueblo fundamentalmente católico y, a la misma vez, ser instrumento de "americanización" de una metrópolis protestante, se manifestaba las enormes contradicciones de la fe católica de este momento histórico.[61] A esa situación hay que añadirle que debido a la escasez de religiosos, la Iglesia mantenía control de los dogmas de fe católica en la ciudades y pueblos, donde tenía parroquias y sacerdotes asignados, pero en la zona rural, donde residía la mayoría de los habitantes, la fe católica se había convertido en una religión popular mezclada con otros elementos religiosos como el espiritismo y los residuos de las prácticas religiosas del componente africano del pueblo puertorriqueño.

En el otro lado de la religiosidad puertorriqueña, estaban las iglesia protestantes fruto de la *misión protestante* del 1898. Sin lugar a dudas, esta evangelización era claramente "americanizante". El contenido del mensaje de salvación estaba envuelto dentro del ropaje del proceso secular de "americanización" aplicado al pueblo puertorriqueño. Era muy difícil separar la evangelización protestante de este período del proceso de "americanización". Era natural, los misioneros eran estadounidenses comprometidos, además con el evangelio protestante y con la cultura e ideología estadounidense. En ese momento no había diferencia entre el proyecto misionero de la iglesia protestante y el proyecto cívico de aculturación del pueblo puertorriqueño

---

[61] Para un estudio detallado sobre este tema vea las extraordinarias publicaciones de Samuel Silva Gotay, *La iglesia católica de Puerto Rico en el proceso político de americanización: 1898-1930* (Río Piedras, PR: Publicaciones Gaviota, 2012); Samuel Silva Gotay, *Soldado católico en guerra de religión: Religión y política en España y Puerto Rico durante el siglo XIX* (Río Piedras, PR: Publicaciones Gaviota, 2012).

hacia la nación protestante estadounidense. Samuel Silva Gotay afirma que esta visión:

> [L]levó a la formación de una cultura protestante puertorriqueña asimilista y anexionista en la que se debilitó la autonomía del mensaje evangélico. La cultura protestante puertorriqueña de esos primeros treinta años dificultó entre los protestantes la percepción del carácter colonial del régimen idealizado durante esos primeros años, imposibilitó la militancia de los creyentes en los partidos autonomistas e independentistas y la crítica al régimen, además de la comprensión de la vinculación entre el carácter explotador de las plantaciones azucareras y el Estado norteamericano en Puerto Rico. Esa cultura formaría la personalidad política de la mayoría de los pastores protestantes puertorriqueños de los primeros treinta años.[62]

El mensaje pentecostal que el joven Juan L. Lugo traía a esta situación puertorriqueña en el 1916, era el producto del avivamiento pentecostal que se desarrolló en la calle Azusa en Los Ángeles entre 1906 al 1909. Echémosle una mirada general a esta experiencia religiosa para entender lo que pasó en Puerto Rico.

El avivamiento pentecostal de la calle Azusa en Los Ángeles

Las raíces del movimiento pentecostal que llegó a Puerto Rico se desprenden del avivamiento pentecostal que se originó en el 312 de la calle Azusa en Los Ángeles, entre 1906 y el 1909. La figura principalísima de este movimiento fue un afro-americano de nombre William Joseph Seymour (1870-1922).

---

[62] "Política cultural del protestantismo en Puerto Rico después de la invasión norteamericana desde el 1898 hasta el 1930."

William J. Seymour *

Este predicador negro y pobre, había perdido la visión del ojo izquierdo, como resultado de haberse infectado con la viruela. Seymour, oriundo de Louisiana y de extracción bautista, se adhiere primero al movimiento de la santidad hacia fines del siglo diecinueve y finalmente en Houston, Texas, se encontró con Charles Fox Parham,[63] que se había convertido en un evangelista del mensaje pentecostal y aceptó la enseñanzas del evangelio pentecostal de quien sería su maestro y mentor. En su teología Parham sostenía que había una *primera* experiencia de conversión, una *segunda* experiencia separada de la conversión que identificó como santificación y luego una *tercera* experiencia de bautismo con el Espíritu Santo, con la evidencia inicial de hablar en otras lenguas, según el Espíritu le daba que hablase al creyente.

Charles Fox Parham, de inmediato, se convirtió en el maestro y mentor de Seymour en un breve instituto bíblico que organizó en la ciudad de Houston. Debido a la segregación racial de entonces, Seymour no podía tomar clases en el mismo salón con los blancos. En esas circunstancias, Parham tuvo que habilitarle un asiento en el pasillo del salón de clases para que Seymour recibiera su formación teológica. Vinson Synan, historiador del movimiento pentecostal, señala sobre este evento lo siguiente:

> Por varios meses, Seymour oyó la nueva teología pentecostal de su maestro Parham. Éste le enseñó que el movimiento de la santidad se había equivocado en afirmar que la santificación era también el bautismo con el Espíritu Santo; esta última era una "tercera experiencia" separada en tiempo y naturaleza de la "segunda bendi-

---

[63] Vinson Synan, *The Holiness-Pentecostal Tradition: Charismatic Movements in the Twentieth Century*, 2nd ed. (Cambridge, UK: Wm. B. Eerdmans Publishing, 1997), 91.

ción". La santificación limpiaba y purificaba al creyente, mientras que el bautismo con el Espíritu Santo le otorgaba gran poder para servicio.[64]

William J. Seymour, aceptó en su totalidad las enseñanzas de su mentor, pero no recibió la experiencia del bautismo con el Espíritu Santo, durante su estadía en el instituto bíblico de Charles Fox Parham en Houston. En la multiforme gracia de Dios, éste había reservado otro camino para la experiencia del bautismo con el Espíritu Santo de Seymour. Una creyente afroamericana, Neely Terry -que había venido de Los Ángeles y participó de la experiencia del instituto bíblico de Parham en Houston- se hizo muy amiga de Seymour durante su estadía en Houston. Más tarde, regresó a su iglesia -una misión afroamericana en Los Ángeles de la Asociación de la Santidad del Sur de California. Esta misión había salido de la Segunda Iglesia Bautista por sus creencias sobre la santificación. Ante la necesidad de un nuevo pastor para la pequeña misión, Neely Terry recomendó que se llamara a William J. Seymour como pastor de la naciente iglesia. Seymour aceptó el llamado y salió para Los Ángeles en el mes de febrero de 1906, con un boleto de tren -"sólo de ida"[65]- que le compraron Parham y los amigos y amigas de Neely Terry en Los Ángeles.[66] La experiencia pastoral de Seymour en esta misión fue muy breve. La líder de la misión, Julia Hutchins, no estuvo de acuerdo con su predicación sobre el bautismo con el Espíritu Santo con la evidencia de hablar en otras lenguas, según Hechos 2. 4. Luego de consultar al presidente de la Asociación de la Santidad del Sur de California, J. M. Robert, le cambió la cerradura a la puerta de entrada al templo e impidió el acceso a Seymour al lugar de adoración.

---

[64] Ibid., 93–94. La traducción es del autor.

[65] La expresión "solo de ida" (misioneros de boletos de ida solamente) la tomo de Vinson Synan.

[66] Para un análisis detallado de este tema consulte a: Synan, *The Holiness-Pentecostal Tradition.*

Casa de 214 de Bonnie Brae *

Ante esta precaria situación, el Señor de la mies le abrió una nueva puerta a Seymour. ¡Un milagro ocurrió! Un hombre de nombre Richard Asbery –que en ese momento no creía en las enseñanzas de Seymour, le abrió su hogar-ubicado en el 214 de la calle Bonnie Brae- y en la sala de esta casa, Seymour comenzó a predicar. En este lugar se reunieron a adorar a Dios y buscar el bautismo con el Espíritu Santo, negros y blancos. Luego de intensas reuniones de oración y adoración en la sala de esta casa, el 9 de abril de 1906[67], el fuego del Espíritu Santo descendió sobre un grupo personas y recibieron el bautismo con el Espíritu Santo, hablando en otras lenguas. William Joseph Seymour, el Apóstol del pentecostalismo moderno, interesantemente, no recibió el bautismo con el Espíritu Santo ese día. En la multiforme gracia de Dios, Seymour fue bautizado con el Espíritu Santo con la evidencia de hablar en otras lenguas, tres días después, el 12 de abril de 1906.

Ante la presencia de múltiples curiosos por lo que estaba aconteciendo en el 214 de Bonnie Brae, Seymour y su grupo tuvieron que buscar un nuevo lugar de adoración. Ya la residencia no podía recibir la multitud de personas que acudían a las reuniones. En su búsqueda, encontraron un viejo edificio abandonado en una zona comercial –el 312 de la calle Azusa. Este edificio, de dos pisos, había sido el primer templo construido por la Iglesia Episcopal Metodista Africana y posteriormente se usó para alquiler de apartamentos y como lugar donde se mantenían calesas de caballo para alquiler.

Lo extraordinario de la multiforme gracia de Dios, acompañó el avivamiento de la calle Azusa. El 17 de abril de 1906, *The Los Angeles Daily Times*, envió un reportero para que infor-

[67] Ibid., 96.

mara sobre lo que estaba ocurriendo en la calle Azusa. El reportaje de este reportero fue muy negativo e hizo burla de lo que allí ocurría. Se burló de los participantes, llamándolos "una secta de fanáticos"; se burló del Seymour, llamándolo, "un viejo predicador" y se burló de la experiencia de las lenguas, llamándola una "desquiciada babel de lenguas". Lo oportuno de este artículo fue que se publicó el mismo día en que ocurrió el devastador terremoto de San Francisco. De esta manera, el sur de California se enteró de inmediato del avivamiento de Azusa, mientras se informaba de la trágica situación del centro de California. En un mismo medio, *The Los Angeles Daily Times,* se relata la desesperanza de todo un pueblo ante la destrucción inmediata de la ciudad de San Francisco y la noticia del descenso del Espíritu Santo para traer una mensaje de esperanza a un mundo desesperanzado. ¡Ciertamente son insondables los caminos del Altísimo!

312 de la calle Azusa *

En la calle Azusa, por tres años y medios, desde mediados de 1906 hasta fines de 1909 se desarrolló un monumental avivamiento pentecostal que arropó el mundo entero. Cientos de visitantes de alrededor de la nación y de Europa viajaron a Los Ángeles para ver qué era lo que estaba ocurriendo en el 312 de la calle Azusa. De igual modo, cientos de misioneros de la experiencia del avivamiento de la calle Azusa, salieron para proclamar las nuevas del evangelio pentecostal que habían recibido en la experiencia de la calle Azusa. Los bautizados con el Espíritu Santo creyeron la enseñanza de Charles Fox Parham. Éste afirmó que las lenguas que recibían, con motivo del bautismo con el Espíritu Santo, eran idiomas hablados en alguna parte del globo terráqueo. Parham creyó y enseñó que los misioneros, una vez recibían el bautismo con el Espíritu Santo, ya no venían obligados a estudiar lenguajes foráneos para predicar el evangelio en los campos misioneros. Sostuvo firmemente que con el bautismo del Espíritu Santo, los misioneros podían ir a las partes más remotas del mundo y predicar el mensaje en los idiomas de los nacionales, totalmente desconocidos para ellos.[68]

Así es como un grupo de misioneros, temprano en el 1912, salieron comisionados por William J. Seymour "a regar el mensaje pentecostal en Japón y China. Durante su escala en Honolulu, en espera de continuar su viaje para Japón y China, condujeron servicios entre los braceros puertorriqueños y puertorriqueñas que se reunían en las instalaciones de la Estación Experimental Agrícola de la Asociación Hawaiana de Productores de Azúcar."[69] En esa Estación Experimental Agrícola se fundó la primera iglesia pentecostal puertorriqueña y allí el 13 de junio de 1913 se convirtió Juan L. Lugo, fruto del Avivamiento de la calle Azusa.[70]

El contenido del mensaje pentecostal que recibió Juan L. Lugo -que se coaguló en el avivamiento de Azusa[71]- tenía los siguientes componentes. Primero, una clara experiencia de salvación efectuada por medio del sacrificio vicario de Jesucristo en la cruz, unida una clara experiencia de vida separada para Dios –santificación; segundo, un componente de sanidad divina; tercero, la experiencia del bautismo en el Espíritu Santo con la evidencia inicial de hablar en otra leguas y cuarto, una clara e inminente expectación de que Jesucristo regresaría por su iglesia pronto. Luego de aceptar, estudiar informalmente y

De pie atrás (I-d) John A. D. Adams, F. F. Bosworth, and Tom Hezmalhalch. Sentados al frente (I-d): William J. Seymour and John G. Lake *

[68] Ibid., 92.

[69] Estrada-Adorno, *100 años después*, 72.

[70] Ibid., 72–74; Lugo, *Pentecostés en Puerto Rico*, 14–17.

[71] Los cinco caballeros que aparecen en la foto, se identifican como los líderes asociados con el avivamiento de la calle Azusa. (cerca del 1907, posiblemente frente al edificio de la calle Azusa)

predicar este mensaje por tres años en Hawai y California, Juan L. Lugo llegó a Puerto Rico como el Apóstol de pentecostés, la noche del miércoles 30 de agosto de 1916.

En las páginas que siguen analizaremos el desarrollo del mensaje pentecostal durante el periodo que he llamado la *infancia de la misión pentecostal* en la Isla del Cordero. En este periodo se estudiarán los años comprendidos entre el 1916 y el 1925.

Capítulo 5: La etapa de la *infancia de la misión pentecostal* 1916-1925

Como he indicado en las páginas anteriores, el pentecostalismo puertorriqueño viene mediado por puertorriqueños y puertorriqueñas que recibieron la experiencia pentecostal en Hawái entre el 1912 al 1913, y luego continúan alimentándose, por un periodo de tres años, de la fuente del avivamiento de la calle Azusa en Los Ángeles. Este avivamiento pentecostal se había extendido por todo el sur y centro del estado de California. Esta realidad histórica hace que el pentecostalismo puertorriqueño tome características puertorriqueñistas muy particulares. Es decir, el apego a la cultura puertorriqueña de la *misión pentecostal* puertorriqueña estuvo fomentada, desde sus mismos comienzos, por los puertorriqueños y las puertorriqueñas que conformaron su cuadro directivo. Esa realidad explica por qué la espiritualidad pentecostal se nutrió de las expresiones culturales puertorriqueñas, tales como su alegría, música, instrumentos, danzas, éxtasis y solidaridad. Sobre este particular, Helen Santiago afirma: "La iglesia que nació fue conformándose con rasgos particulares; con expresiones efusivas, presteza para la proclamación y disponibilidad para ofrendar en medio de paupérrimas condiciones. La forzosa ruta del sostenimiento propio propició el desarrollo de una iglesia autóctona."[72]

Isabelita Ortiz Lugo

Una vez se inicia el proyecto misionero de la *misión pentecostal* puertorriqueña, se suman al mismo algunos misioneros estadounidenses -entre ellos, Frank Otto Finkenbinder y su esposa Aura, Lena Smith Howe, John Roberts, Clarence T. Radley, su esposa y su hija, Evangeline- pero siempre permanecieron en minoría. Las figuras preponderantes de la infancia del pentecostalismo puertorriqueño fueron jóvenes misioneros puertorriqueños y puertorriqueñas – Francisco Ortiz, Padre, Francisco D. Ortiz, Jr, y su esposa Santitos, Salomón Feliciano Quiñones y su esposa Dionisia Feliciano, Lorenzo Lucena y esposa Carmen- liderados por Juan L. Lugo y su esposa Isabel Ortiz. Con excepción de Santitos, Carmen e Isabel, los demás jóvenes y Dionisia venían de una experiencia pentecostal puertorriqueña en Hawái. Las características de la adoración pentecostal puertorriqueña de Hawai habían marcado dramáticamente a este grupo de boricuas procedentes de la emigración puertorriqueña a Hawái, a principios del siglo veinte.

Estos jóvenes autodidactas, ya que no tuvieron la oportunidad de una educación formal, eran líderes naturales y sumamente carismáticos. Sólo sabían que habían sido llamados por Dios al ministerio. Su determinación interna les decía que su lugar en la vida era con la gente que ellos querían servir: los débiles, enfermos, desnutridos, pobres, hambrientos y carentes de futuro previsible alguno. Entendían, además, que no se distinguían de ese pueblo con el que querían trabajar, excepto en su

[72] Helen Santiago, *El pentecostalismo de Puerto Rico: Al compás de una fe autóctona (1916-1956)* (Trujillo Alto, PR: Helen Santiago, 2015), 35.

fervor, compromiso con su evangelio y búsqueda de una vida que agradara a Dios y al prójimo. La respuesta del pueblo al que servían, a su estilo de vida y predicación, era la mejor demostración de su éxito y efectividad. Su ministerio descubrió un terreno fértil entre aquellos que no habían encontrado un lugar de afinidad dentro de la comunión de los otros grupos evangélicos.[73]

Foto de la boda de los Lugo-Ortiz. Suministrada por Benjamín. Alicea

Este grupo de jóvenes, iniciado en el ministerio pentecostal, creía que el llamado al ministerio se recibía no por la ordenación ministerial de una institución religiosa, sino por obra del Espíritu Santo, de la cual nadie estaba consciente excepto la persona llamada. Creyeron que su admisión dentro del ministerio fue determinada por la educación práctica recibida en la participación activa en la acción ministerial, más que por las herramientas profesionales obtenidas por medio de educación teológica formal. En un sentido, el desarrollo de su ministerio fue, sin lugar a dudas, el resultado de la capacitación del Espíritu Santo. De esta manera, fueron efectivos en llevar el evangelio a lugares donde los otros grupos evangélicos, habían fallado en llenar las necesidades espirituales del pueblo.

[73] Wilfredo Estrada Adorno, "The Reconciliation of Charismatic Pastors and Bible College Professors in the Service of Training for Future Ministry in the Pentecostal Bible College of the Church of God" (DMin Disertation, Emory Univeristy, 1982), 12–13.

Salomón, Dionisia y familia. *

Por un lado, fueron jóvenes con corazones agradecidos, espiritualmente capacitados y profundamente comprometidos con su llamado al ministerio en favor de lo más necesitados. Entendieron, además, que podían discernir por medio de los dones espirituales, recibidos por el Espíritu Santo, la voluntad de Dios para su pueblo. Por otro lado, reclamaban obediencia y que se les siguiera, sin reservas, porque habían probado la fortaleza de sus vidas por virtud del éxito de su estilo de vida. Su autoridad residía más allá de la esfera de la vida cotidiana, en una experiencia sobrenatural que autenticaba su llamamiento. Su ministerio y dirección espiritual constituía un llamado en el sentido más enfático de la palabra, una misión, una responsabilidad espiritual.[74] Sobre el líder de estos jóvenes –Juan L. Lugo- Rubén Pérez Torres señaló lo siguiente:

> Las cualidades indispensables de un excelente pionero las encontramos en [Juan L. Lugo]; tales como: iniciativa, confianza propia, perseverancia, audacia y un gran sentido de compromiso. Estas virtudes que adornaron su carácter cristiano las vemos presentes en todas sus ejecutorias. Ante cualquier reto, marchó hacia adelante con la convicción de que iba a triunfar. Se comportó como un hombre de fe genuina que tuvo la experiencia constante de la intervención de Dios en su vida personal y familiar y en todos sus proyectos espirituales.[75]

---

[74] Ibid., 13.

[75] Rubén Pérez Torres, *Poder desde lo alto: Historia, sociología y contribuciones del pentecostalismo en Puerto Rico, el Caribe y los Estados Unidos* (Terrassa, Barcelona: Editorial CLIE, 2004), 144–145; Sobre el desarrollo de la *misión pentecostal* en Puerto Rico, también debe consultar la obra de David Ramos Torres, *Historia de la Iglesia de Dios Pentecostal M.I.: Una iglesia ungida para hacer misión* (San Juan, PR: Editorial Pentecostal, 1996).

Con este grupo de jóvenes, bajo el liderazgo de Juan L. Lugo, un pequeño número de líderes que este colectivo preparó -entre ellos, Águedo Collazo y su esposa Arcadia, Tomás Álvarez, Eleuterio Rodríguez, Isabel Ortiz, Ángel Ortiz, Manuel Rivera, Félix Rivera Cardona, Faustino Rodríguez, Pedro Moreno y un puñado de misioneras y misioneros -Lena Smith Howe, Frank y Aura Finkenbinder, John Roberts y Clarence T. Radley y esposa- se da el nacimiento e *infancia de la misión pentecostal* puertorriqueña. Los primeros diez años, que los identifico como la etapa de la *infancia del pentecostalismo puertorriqueño*, describen el inicio e incorporación en la Oficina del Secretario Ejecutivo del Pueblo de Porto Rico de la *misión pentecostal* puertorriqueña. En el análisis y estudio de este período, quiero que los relatos de los actores de este tiempo nos iluminen para poder identificar juntos las características que definieron el contenido del culto, la eclesiología y la teología de ese espacio de la *infancia del pentecostalismo puertorriqueño.*

Es interesante destacar de entrada, que la *infancia del pentecostalismo puertorriqueño* estuvo estructurado alrededor de tres centros de poder. Un centro de poder estaba localizado en el sur de la Isla, con la ciudad de Ponce como cabeza de playa y Juan L. Lugo como su líder indiscutible. El segundo centro de poder estaba localizado en el norte central, con la ciudad de Arecibo como su cabeza de playa y Francisco D. Ortiz, Jr. como su líder máximo. Un tercer centro de poder estaba localizado cerca de la capital, con la ciudad de Santurce como cabeza de playa y la misionera Lena Smith Howe como su líder indiscutible. Esta distribución geográfica del poder era comprensible debido al rápido crecimiento de la *misión pentecostal* y las limitaciones de transportación y movimiento de la época.

Además, sostengo, que hubo otros dos factores, menos perceptibles a simple vista -pero que en un análisis más detenido de los hechos históricos, se encuentra evidencia- que abonaron a la creación de estos centros de poder. El primero está relacionado con las figuras de Juan L. Lugo y Francisco D. Ortiz, Jr. Sin lugar a dudas, Juan L. Lugo y Francisco D. Ortiz, Jr. eran dos líderes carismáticos de personalidades fuertes. Aunque crecieron juntos en el ministerio -desde sus respectivas conversiones en la iglesia en Hawái, que pastoreaba Francisco Ortiz, Padre, mentor de ambos- "Frank" o "Panchito", como se le conocía familiarmente a Francisco D. Ortiz, Jr., parece haber estado siempre a la sombra del liderazgo de Juan L. Lugo. Era una especia de alter ego, de contra figura, de Lugo. Así se puede ver de un análisis de los relatos del ministerio de ambos en Hawái, las ciudades alrededor de la Bahía de San Francisco y Los Ángeles. De hecho, da la impresión, del análisis de ese período, que Francisco D. Ortiz, Jr. fue bastante indeciso en sus decisiones y proceder. Mientras, por otro lado, Juan L. Lugo era más consecuente, firme y persistente en sus decisiones. Esta audacia de Juan L. Lugo siempre lo ubicó a la cabeza de las misiones que ambos desarrollaron juntos durante los cuatro años que precedieron sus respectivas llegadas a la Isla. Es bueno señalar que Panchito era seis años menor que Lugo y al principio de su ministerio la diferencia de edad se notaba. En una nota publicada en *The Weekly Evangel* del 26 de agosto de 1916, se anunció lo siguiente: "Se han recibido informes de San José, California de que dos jóvenes, el hermano Francisco D. Ortiz, Jr. y Juan L. Lugo saldrán de allá el 17 de agosto en ruta hacia Porto Rico. Parece que no hay misioneros pentecostales en Porto Rico y estos dos jóvenes, particularmente el hermano Ortiz, han tenido esta obra en sus corazones por algún tiempo."[76] La realidad fue que, como ya sabemos, Juan L. Lugo llega Puerto Rico solo el 30 de agosto de 1916.[77] Algo le ocurrió a última hora a Francisco D. Ortiz , Jr. que no hizo el anunciado viaje con Juan L. Lugo. En el caso de Francisco D. Ortiz, Jr., llegó a Puerto Rico en

[76] "Two Missionaries Leaving for Porto Rico.," *Pentecostal Evangel*, August 26, 1916, 14, Flower Pentecostal Heritage Center. La traducción es del autor.

[77] Aunque en un relato que Juan L. Lugo le hace al *The Pentecostal Evangel* el 20 de septiembre de 1924, indica que llegó a Puerto Rico el 13 de agosto de 1916. La fecha del 30 de agosto de 1916, la tomamos de las memorias de Lugo, *Pentecostés en Puerto Rico*.

el mes de abril de 1917,[78] ocho meses después de su anunciado viaje a Puerto Rico. A su llegada a la Isla, Panchito, se concentró en su ministerio en Arecibo y pueblos limítrofes y desarrolló un ministerio paralelo al de Juan L. Lugo, hasta el momento de su muerte. De hecho, por las diferencias con relación al nombre que se le iba a dar a la *misión pentecostal* en la Isla, en febrero de 1922, Panchito se separó de Lugo y sus asociados y fundó un nuevo concilio con cuatro iglesias del área de Arecibo, bajo el nombre: Concilio de Distrito de Puerto Rico de las Asambleas de Dios.[79] La salud de este paladín, ya para este período, estaba en precaria y poco tiempo después de este incidente enfermó de tuberculosis gravemente. El Concilio General de las Asamblea de Dios, ordenó a la Iglesia de Dios Pentecostal en Puerto Rico a

---

[78] Hay una nota de la redacción de *The Weekly Evangel* de la edición del 31 de marzo de 1917 que señala que Francisco D. Ortiz, Jr. ha salido para Puerto Rico, TWE (31/Mar/1917), p.12 y otra de *The Weekly Evangel* del 21 de abril de 1917, donde Francisco D. Ortiz, Jr. informa que llegó a Puerto Rico. El hermano Frank D. Ortiz escribe desde Ponce, Porto Rico: Les escribo para decirles que el Señor nos ha dirigido, bendecido y traído a nuestro destino. Después de salir de San Luis fuimos a Chicago y nos dirigimos a la Iglesia La Piedra (Stone Church), donde conocimos al hermano Mitchell, quien nos atendió y nos quedamos con él por tres días. Los santos de esa iglesia, nos dieron una bienvenida calurosa; así que disfrutamos la confraternidad de los hermanos de Chicago. El Señor nos dio alrededor de $12 en esa iglesia. De Chicago salimos para la ciudad de New York y en esa ciudad tuvimos un tiempo precioso de confraternidad con el hermano Brown y los santos de la Misión de la ciudad de New York. Tuvimos el privilegio de predicar en cuatro diferentes misiones. En New York recibimos de estas cuatro asambleas [iglesias] cerca de $57. El Señor contesta las oraciones todo el tiempo. Tenemos suficiente para el pasaje de New York a Porto Rico y unos pocos dólares para arreglárnoslas cuando lleguemos a la Isla. Participamos de servicios preciosos en la ciudad de New York y alrededor de nueve almas se salvaron. En el barco tuve el privilegio de contarles a diferentes personas la historia maravillosa de Jesús. Oren por Porto Rico". TWE (21/Abr./1917), p.12. La traducción es del autor.

[79] En un interesante y agudo comentario sobre este incidente, Helen Santiago comenta: "La preferencia de este nombre [Concilio de Distrito de Puerto Rico de las Asambleas de Dios] por Ortiz probablemente se debió a su preferencia por las normas institucionales de las Asambleas, que protegían la autonomía de las congregaciones", Santiago, *El pentecostalismo de Puerto Rico*, 34.

"conducir al hermano Panchito al hogar de descanso en Aibonito."[80] Esta fue una manera meridianamente clara del Concilio General premiar la lealtad del hermano Panchito al Concilio General de las Asambleas de Dios. Francisco D. Ortiz, Jr. comenzó su ministerio muy joven -a los doce años-[81] y murió también muy joven -de 27 años- el 26 de mayo de 1923[82] en la residencia para descanso de los misioneros que el Concilio General de las Asambleas de Dios había adquirido en Aibonito. Al momento de su muerte le sobrevivieron su esposa, Santitos y cuatro hijos. El mayor de su hijos apenas tenía cuatro años.[83]

El segundo elemento que abona a la creación del tercer centro de poder en Santurce, tiene que ver con la percepción del liderazgo del Presbiterio Ejecutivo del Concilio General de las Asambleas de Dios, de que debía de haber un anglosajón a cargo de la supervisión de los "nacionales". Este liderazgo pensaba que los misioneros que iniciaron la *misión pentecostal* en la Isla eran muy jóvenes y, además, "nacionales" y no les concedían la confianza para administrar los asuntos de negocios a nombre del Concilio General. En una carta, fechada el 25 de marzo de 1921, dirigida a Lena Smith Howe, el secretario del Presbiterio Ejecutivo, Joseph Roswell Flower, expresó lo siguiente:

---

[80] Lugo, *Pentecostés en Puerto Rico*, 79.

[81] Donald T. Moore, *Puerto Rico para Cristo: A History of the Progress of the Evangelical Missions on the Island of Puerto Rico* (Cuernavaca, México: Sondeos, 1969), 3–41.

[82] TPE (23/Jun./1923), 13. Lugo, *Pentecostés en Puerto Rico*, 79–80.

[83] Frank Otto Finkenbinder, "The Pentecostal Work in the Island Puerto Rico: Historical Review," 1966, Flower Pentecostal Heritage Center.

25 de marzo de 1921

Mrs. Lena Smith Howe,
Box 63
Santurce, Puerto Rico

Apreciada hermana Howe

Hace uno días recibimos la copia de la Ley de Incorporación de Asociaciones Foráneas Sin Fines de Lucro en Puerto Rico. Esta ley tiene ciertas particularidades que preocupan seriamente -bajo la presente condición de la obra en Porto Rico- a los hermanos aquí y éstos no se sienten cómodos para comprometer a las Asambleas de Dios con tales proposiciones. Esta ley requiere un informe elaborado de los activos y pasivos de la asociación y, además, se requiere que ésta consienta a ser demandada en las cortes de Porto Rico en toda causa de acción que se desprenda en su contra y se le requiere someter un informe anual, que incluye una penalidad si el mismo no se somete. Los hermanos aquí sienten que si nosotros fuéramos a tomar una decisión de un carácter tan serio, el Presbiterio Ejecutivo no tiene la autoridad para entrar en ese acuerdo, hasta que tengamos una reunión del Concilio y consigamos una resolución autorizando al Presbiterio Ejecutivo a entrar en tal acuerdo e incorporarnos bajo tales condiciones. Además, somos de la opinión *que necesitamos tener un representante en Porto Rico, con quien nos sintamos totalmente confiados*, que esté plenamente capacitado para representar al Concilio General en asuntos de negocios. *Al presente, con la excepción de usted, todos los miembros del Consejo son nacidos en Puerto Rico o nuevos misioneros y, a pesar de que apreciamos la habilidad de estos jóvenes y la forma poderosa en que Dios los ha bendecido y les ha dado un ministerio, sin embargo, cuando se trata de asuntos serios de negocios como estos, hay resquemo-*

> *res de nuestra parte en autorizar a estos jóvenes para que nos representen en el campo y para conferirles ese poder.* Yo confío que usted apreciará esta posición y antes de seguir adelante con este asunto, deseamos recibir su consejo.[84]

La realidad de que los misioneros eran nativos de la Isla no le daba mucha seguridad al liderazgo del Concilio General. Las dos razones esbozadas: (1) que eran jóvenes nativos y (2) que tenían poca experiencia misionera, eran meras excusas para ocultar su convicción de que los "nacionales" de la Isla no tenían capacidades para administrar los negocios de la *misión pentecostal.* Si la juventud y la inexperiencia hubieran sido las verdaderas razones para incapacitarlos para el liderazgo administrativo en la iglesia, también Joseph Roswell Flowers, hubiera estado incapacitado para ocupar su posición de Secretario del Concilio General. En el 1914 cuando fue seleccionado sólo tenía 25 años y era un joven con poca experiencia ministerial.

Lena S. Howe *

Para atender la preocupación del Concilio General de ubicar un misionero anglosajón que velara por sus intereses misioneros en la Isla, el Concilio General usó los servicios de Lena Smith Howe, para fungir como contacto de supervisión para los misioneros puertorriqueños. De hecho, cuando Francisco D. Ortiz, Jr. renuncia como secretario de la naciente organización el 1922, Lena Smith Howe es seleccionada como secretaria. Su selección es

[84] El contenido de la carta dirigida a Lena Smith Howe, es más que suficiente para pobrar mi punto de que el liderazgo del Concilio General de las Asambleas de Dios no le concedía suficiente capacidad, ni le tenía confianza a los "muchachos del patio" para administrar los "negocios" de la naciente *misión pentecostal* en Puerto Rico. Como se puede ver en la relación de Puerto Rico con el imperio, esta fue siempre la visión del poder metropolitano sobre la inexperiencia de los "muchachos del patio" para autogobernarse. Ese mismo principio se trasladó a los asuntos religiosos de las denominaciones estadounidenses en su relación con los líderes nacionales. El énfasis y la traducción son del autor. Vea la copia original en inglés en el anejo D.

interesante, porque en ese momento el Concilio General no le otorgaba autoridad administrativa a la mujer para ejercer liderazgo sobre los hombres en los asuntos administrativos de la iglesia. Sin embargo, en este caso pudo más, mantener el control por medio de una persona anglosajona, que las disposiciones administrativas del Concilio General. Todavía le añade más leña al fuego, el hecho de que Lena Smith Howe no llegó inicialmente a Puerto Rico como misionera de las Asambleas de Dios. Esta apreciada mujer realizaba labor misionera en Venezuela, independiente de las Asambleas de Dios. Su trabajo en Venezuela y Curazao fue con la Iglesia Alianza Cristiana y Misionera. De Venezuela llegó a Puerto Rico y entonces se unió a la naciente *misión pentecostal* en la Isla.

Eventualmente, Frank Finkenbinder, asume el rol misionero-supervisor[85]. Muy pronto se convirtió en el tesorero de la *misión pentecostal* y de este modo supervisaría los desembolsos de los pocos donativos misioneros que se recibían. En la conferencia en noviembre de 1922, ante la renuncia de Juan L. Lugo, por motivos de salud, Frank Finkenbinder fue nombrado presidente de la Iglesia de Dios Pentecostal, nombre con el cual fue incorporado en la Oficina del Secretario Ejecutivo del Pueblo de Porto Rico, la *misión pentecostal* puertorriqueña.

Habiendo delineado la realidad de los tres centros de poder en la *infancia de la misión pentecostal* en Puerto Rico, me dispongo a analizar con mis lectores el desarrollo de esta etapa de pentecostalismo puertorriqueño. Es una etapa en la que el creyente comienza a re-imaginarse la realidad de su vida desde una nueva perspectiva que le ofrece un nuevo significado a su

---

[85] Frank Finkenbinder, llegó a Puerto Rico en la primavera de 1921 de 23 años, junto a su esposa Aura Argetsinder, "quien estaba próxima a dar a luz su primogénito". Lugo, *Pentecostés en Puerto Rico*, 76; Ocupó la presidencia de la Iglesia de Dios Pentecostal de 1923 al 1925, de 1931 al 1932 y de 1933 al 1936. Ver a Roberto Domínguez, *Pioneros de Pentecostes*, vol. 1 (Clie, Editorial, 1990), 17–147; Samuel Díaz, *La nave pentecostal* (Deerfield, FL: Editorial Vida, 1995); Pérez Torres, *Poder desde lo alto*, 161–162.

historia, angustias, sueños y esperanzas. Su manera de interpretar su entorno inmediato cambió y le ofreció un nuevo paradigma para imaginarse a si mismo, los suyos y su comunidad. Su nueva fe religiosa le ofreció nuevas categorías para percibir su pasado , presente y futuro. En otras palabras, este mensaje apoderó a los humildes para que desde su contexto de sufrimiento y pobreza, se imaginaran una visión de mundo que les capacitaría para desarrollar una iglesia y teología –un discurso acerca de Dios- que respondiera a las necesidades de su realidad puertorriqueña. Es decir, el mensaje de la *misión pentecostal* hizo posible que los campesinos y campesinas tuvieran acceso a un nuevo futuro lleno de esperanzas y posibilidades. Realmente, este mensaje de esperanza y de certeza, le abrió la puerta de un mañana mejor a los olvidados en sus miserias. Es decir, el evangelio pentecostal le ofreció a los hijos e hijas de la escasez y la hambruna, una plataforma de fe que los capacitó para creer que era posible lo que parecía imposible.

El capítulo que sigue nos ayudará a ir descubriendo los contornos de esta fe pentecostal que, por medio de sus tres centros de poder, en muy poco tiempo, se extiendió por toda la Isla. Sigamos juntos al próximo capítulo para ver la transformación de gente sencilla y, aparentemente, insignificantes, en poderosos instrumentos de cambio social en las regiones más inhóspitas de la Isla.

Capítulo 6: Los centros de poder de la *misión pentecostal*

Durante la etapa de la *infancia de la misión pentecostal* en Puerto Rico, la tarea misionera se realizó por medio de los esfuerzos desarrollados por los tres centros de poder de la misma. Aunque los tres centros de poder mantenían una relación cordial en la ejecución de su proyecto misionero, sin embargo, se manejaban con cierta independencia entre ellos. Esta independencia les dio la oportunidad de avanzar más rápidamente en la evangelización de la Isla.

El centro misionero y de poder en Ponce

Uno de los primeros informes del inicio de la *misión pentecostal* desde el centro misionero y de poder de Ponce recoge la siguiente información:

> La salvación llega a muchos en Porto Rico: Si la gente en los Estados sólo pudiera ver la necesidad de que el Evangelio se predique en el poder del Espíritu Santo, estoy seguro que todos pedirían en oración que Dios enviara más misioneros a Porto Rico y, al mismo tiempo, ayudarían a la obra de cualquier manera que pudieran.

Satanás hace lo mejor que puede para sacarnos de Porto Rico; él no quiere que abramos una misión pentecostal aquí, pero por la gracia de Dios cantaremos y predicaremos pentecostés hasta que Jesús venga.

Dios está salvando almas cada día; cuarenta y tres se han convertido y muchos están bajo profunda convicción. Estamos celebrando servicios de oración en nuestros hogares y la multitud es tan grande que el lugar no aguanta ni una tercera parte de los asistentes. Podemos ver que Dios está obrando y nosotros confiamos en él.

Cuando llegamos fuimos invitados a predicar en la Iglesia Metodista Episcopal. Predicamos sobre Hechos 2.4 y desde esa misma noche la iglesia ha tratado de evitar que continuemos predicando. Uno de los ministros se nos acercó y nos dijo que ya tienen trece iglesias en el pueblo y que pensaba que eso es más que suficiente. Nos sugirió que nos fuéramos a Santo Domingo, por que [sic] allá sólo había unos pocos misioneros y en Puerto Rico había ya demasiados. Pero, la realidad es que aquí los pecadores se están yendo al infierno en las mismas puertas de las iglesias y algunos miembros de las iglesias, con quince y dieciséis años en las mismas, todavía estaban fumando grandes cigarros, incluyendo también a algunos pastores. Necesitamos predicar el verdadero evangelio en el poder del Espíritu.

Ayer nos invitaron a una conferencia en la Iglesia Metodista Episcopal. Asistimos a la misma y nos encontramos con la realidad de que todos los pastores estaban en contra nuestra. Pero, gracias a Dios que el Señor estaba con nosotros. Cuando todo el mundo está en contra nuestra, Jesús está con nosotros. "He aquí yo estoy

> con vosotros siempre, aún hasta lo último de la tierra. Recuérdennos en sus oraciones.[86]

El relato que antecede sucede a escasos días del inicio de la *misión pentecostal* en Ponce. Ésta había comenzado la noche del 3 de noviembre de 1916 y la noticia sobre: "La salvación llega a muchos en Porto Rico" se publicó en la revista de las Asambleas de Dios, *The Weekly Evangel,* el 16 de diciembre de 1916.[87] Este relato confirma, cerca de treinta y cuatro años después, la historia que Juan L. Lugo narra en sus memorias, *Pentecostés en Puerto Rico: La vida de un misionero.*

> Abrimos fuego con una oración e inmediatamente con varios himnos. Cuando terminamos de cantar el himno "Predicamos la Verdad",[88] teníamos una multitud a nuestro alrededor. Más de cuatrocientas personas se habían acercado llenos de curiosidad a ver qué era lo que hacíamos. Muchos de ellos habían oído el Evangelio predicado en distintas iglesias con aparatosa ceremonias o imponente austeridad. *Ahora les era presentado en forma diferente. Himnos cantados con verdadera alegría, testimonios de maravillas hechas por Dios en distintas ocasiones, la doctrina cristiana explicada en palabras completamente sencillas*

---

[86] Juan L. Lugo and Salomón Feliciano, "Salvation Coming to Many in Porto Rico," *Pentecostal Evangel,* December 16, 1916, 12, Flower Pentecostal Heritage Center. La traducción es del autor.

[87] Una de las cosas positivas e impresionantes, relacionadas al desarrollo de la *misión pentecosta*l en la Isla, fue los contantes informes que los misioneros le enviaban a las revistas de las Asambleas de Dios, sobre el desarrollo del proyecto misionero. Estos informes, casi semanales, permiten reconstruir la historia casi en el momento en que sucedieron los eventos. La preservación de relatos tan cercano al momento que ocurrieron los hechos, le ofrece mucha autenticidad al recuento de lo que realmente sucedió durante ese periodo.

[88] Parte de la letra de este cántico la hermana Isabelita Ortiz de Lugo, la describió en una entrevista que le hicieron en la casa de su hija menor Hulda, el 2 de enero de 1988, tal y como ella la escuchó por primera vez: *Predicamos la verdad/ Protestamos contra el mal/ Rechazamos la doctrina del error/ Sólo Jesucristo salva y guarda al pecador.*

> *y al alcance de todos, relatos de cómo Dios había redimido gloriosamente a los más horribles pecadores para convertirlos en nuevas criaturas.* Todo esto levantaba el interés de la audiencia.[89]

En estos relatos del comienzo de la *misión pentecostal* en el área sur, Lugo describe las características del mensaje pentecostal que lograron que los marginados y marginadas abrazaran de inmediato su proclamación. Fue un mensaje envuelto en música "con verdadera alegría" para un pueblo que necesitaba cambiar su "lamento borincano" en "baile". Fue un mensaje entregado en los testimonios de las "vidas transformadas" de los recién convertidos, constatables por los que escuchaban los mismos. "Dios había redimido gloriosamente a los más horribles pecadores para convertirlos en nuevas criaturas". Fue un mensaje explicado sin complicaciones doctrinales, proclamado en el lenguaje que la "gente de a pie" entendía fácilmente. Es decir, "la doctrina cristiana explicada en palabras completamente sencillas y al alcance de todos". En otras palabras, fue un mensaje que le hacía sentido al hombre y la mujer sencilla de principios del siglo XX, porque atendía y le ofrecía esperanza a su realidad vivencial cotidiana sin mañana.

El centro misionero y de poder en Arecibo

Luego de acompañar a Juan L. Lugo en Ponce, por cerca de dos meses, Panchito Ortiz se dirige al pueblo de Arecibo, que se convertiría en el centro misionero de la *misión pentecostal* en el área norte central de la Isla. En esta región de Puerto Rico, este joven misionero, que había emigrado de los campos de Utuado, de niño, a Hawái, desarrolló su extraordinario ministerio hasta que enfermó gravemente de tuberculosis y fue trasladado a la casa de

[89] Lugo, *Pentecostés en Puerto Rico*, 42. Énfasis suplido por el autor.

descanso para misioneros en Aibonito. En este pueblo de la montaña muere víctima de la tuberculosis en junio de 1923.

La razón por la que Panchito Ortiz se trasladó de la misión de Ponce a Arecibo, el historiador pentecostal, Roberto Domínguez, la describió de la siguiente manera:

> En esos días [junio de1917] había habido un movimiento religioso en la ciudad de Arecibo y se había organizado ya la asociación evangelística bajo el nombre Iglesia Portorriqueña. Al saber de su trabajo en Ponce [la obra de Juan L. Lugo, Salomón Feliciano y Panchito Ortiz], les visitó el hermano Secundino Rodríguez. Cuando celebraron su primera convención [la Iglesia Portorriqueña] fueron invitados los pentecostales asistiendo a ella el hermano Salomón y Panchito en representación de la iglesia [*la misión pentecostal* de Ponce]. Terminada la convención los obreros decidieron entregar la obra [de la Iglesia Portorriqueña], con mobiliarios y demás utensilios, al hermano Panchito. Este se trasladó inmediatamente a Arecibo para hacerse cargo de la iglesia, la cual estaba radicada en el barrio Palmarito de Arecibo.[90]

Francisco D. Ortiz *

El desarrollo del ministerio de este centro misionero sigue el mismo patrón que el de Ponce. Las cinco características –*Cristo salva*, *Cristo santifica*, *Cristo sana*, *Cristo bautiza* y *Cristo viene*-que definieron el mensaje del centro del sur, se manifiestan también en el centro misionero de Arecibo. Unos pocos informes de Panchito Ortiz, revelan esta realidad. Veamos algunos relatos de Panchito Ortiz al *The Weekly Evangel*. En julio de 1917, ya de lleno en la *misión pentecostal* en Arecibo, Panchito escribió:

---

[90] Ver Domínguez, *Pioneros de pentecostés*, 1:89; Santiago, *El pentecostalismo de Puerto Rico*, 36–38.

> El Señor ha sido bueno con nosotros y ha bendecido maravillosamente la obra. Estoy sólo trabajando en la obra, pero Jesús está conmigo y todo va bien. Muchas almas han sido salvadas, algunas sanadas y otras reclamadas. El Señor me ha dado gracia y con su ayuda me he ganado un ministro y profesor de la Iglesia Metodista Episcopal y ahora él me está ayudando en la obra. Deseo que oren por algunos de los ministros de la IME, que una vez eran usados maravillosamente por Dios, pero que han caído en el pecado de la bebida y el cigarrillo. Ellos dicen que fracasaron porque no tenían el poder del Espíritu Santo. Oren también por un grupo de predicadores locales. Estoy reclamando cada pedazo de terreno que piso y con Su ayuda espero ver miles de almas convertidas en Porto Rico. Oren por Porto Rico.[91]

Como se puede ver en este relato, también en el centro evangelístico de Arecibo, desde sus comienzos, se ve la tensión entre la *misión pentecostal* y la *misión protestante*. Como el área de Arecibo fue evangelizada por la Iglesia Metodista, como parte del acuerdo de la *misión protestante*, se observa de inmediato la tensión entre Panchito y los metodistas.

En un revelador informe al *The Weekly Pentecostal* en septiembre de 1917 –a menos de una año del inicio de la *misión pentecostal*- Panchito Ortiz hizo el siguiente recuento:

> El Señor ha estado trabajando de una manera maravillosa en los corazones de las personas. Llegan de diferentes lugares para escuchar el maravilloso Evangelio de nuestro amante Salvador; no sólo vienen a oír sino también a recibir, sí, a ser salvos y llenos de Espíritu Santo. Jueces, abogados oficiales policíacos, doctores, pobres y ricos, blancos y negros llegan para oír el Evangelio.

---

[91] Frank D. Jr. Ortiz, "Arecibo, Porto Rico," *Pentecostal Evangel*, January 26, 1918, 13, Flower Pentecostal Heritage Center. La traducción es del autor.

Muchas de estas personas nunca antes habían estado en una iglesia protestante por miedo a que esto fuera del diablo, pero ahora no se paran a pensar y llegan a escuchar; muchos informan que el Señor ha sido bueno con ellos. He estado en muchos servicios pentecostales en California y Honolulu, pero nunca he visto el poder de Dios tan maravillosamente manifestado como aquí en Porto Rico.

El 23 de septiembre mientras me encontraba desarrollando un servicio en Don Alonso [Utuado] como a 45 millas de aquí, los hermanos se reunieron en un servicio en una casa privada y como a las 9:30 p. m. -después de terminado el servicio- el fiscal de distrito, el Jefe de la Policía y el Juez de Distrito vinieron a dar órdenes. Le ordenaron a los hermanos que terminaran el servicio o los llevarían a la cárcel. Ellos estaban detrás de mi en Arecibo, porque decían que había formado mucho ruido y que ellos querían agarrar al hipnotista y arreglar cuentas con él. Pero, Gracias a Dios, que yo estaba lejos cuando estos oficiales preguntaron por mi. La gente le indicaron que yo estaba haciendo ruido por otro lugar, en Don Alonso. Los oficiales hablaron como si fueran a hacer algo, pero una hermana bajo el poder del Espíritu Santo le puso la mano sobre el hombro al Oficial de la Policía y le dijo: "Usted es un pecador o se arrepiente o se perderá eternamente". La hermana le predicó y todo lo que pudo hacer el Oficial de la Policía fue bajar la cabeza. ... el resultado de todo esto fue que se pasó una resolución para que no intervinieran con nosotros.

Los hermanos Lugo y Feliciano están trabajando juntos en Ponce. Tienen muy buenas asistencias y excelentes servicios. Tienen avivamiento no empece a la oposición de las iglesias y las almas se están salvando. Tienen como setenta y ocho fieles en la misión de Ponce y como veinte han recibido el bautismo con el Espíritu Santo.

> El 8 de septiembre esperamos dedicar la pequeña capilla en Don Alonso. El Señor nos dio el terreno, la madera y el pasto para el techo. Es como de 25 X 30 y acomoda cerca de 100 personas. Oren por nosotros.[92]

El trabajo misionero en Arecibo y los pueblos limítrofes se desarrolló de una forma rápida. Es interesante destacar que Panchito Ortiz logró configurar un grupo de líderes que le ayudaron a propagar la fe por toda la zona norte central. Inclusive Pedro Moreno, la primera persona bautizada con el Espíritu Santo en la Isla, se unió a su esfuerzo evangelístico en el área de Arecibo. Según Panchito Ortiz la bendición que arropó a su área evangelística fue muy grande. Así describió el gran movimiento que se desarrolló en la parte norte central de Puerto Rico:

> El Señor está bendiciendo la obra aquí. Nuestro nuevo salón abrió el 24 de septiembre y desde entonces once almas han confesado a Jesús como su Salvador y Señor. Nuestro nuevo salón con 350 sillas ha estado lleno cada noche en la semana que abrió. Una multitud de cerca de 500 personas ha abarrotado cada noche con personas de todo tipo de clase, tanto ricos como pobres, negros y blancos, para escuchar el mensaje de salvación. Muchas de estas personas están bajo convicción y estudian la Biblia para ver si las cosas que decimos son ciertas.
>
> Este mes de septiembre ha sido el mes más difícil, ya que estaba preparando este salón y construyendo la pequeña capilla en Don Alonso. Después de abrir el salón clamé al Señor por ayuda, ya que estaba solo con el hermano López y era demasiado para dos hombres y el Señor envió a mi padre [Francisco Ortiz, Padre] y al hermano [Lorenzo] Lucena justo en el tiempo apropiado. Ambos son usados maravillosamente por el Señor y Dios

---

[92] Frank D. Ortiz, "Buena Obra En Porto Rico," *TWE*, September 29, 1917, 13, Flower Pentecostal Heritage Center. La traducción es del autor.

honra sus ministerios grandemente. No los esperaba tan pronto, pero Dios preparó todo para ellos y los envió bien rápido.

Ahora nos preparamos para una campaña evangelística por toda la isla. El Señor está levantando obreros y muy pronto estos se harán cargo de las estaciones misioneras que se han establecido. El hermano Pedro Moreno, quien fue uno de los primeros convertidos y bautizado con el bautismo del Espíritu Santo y el hermano [Justino] Rodríguez, quien fue ministro de la Iglesia Metodista Episcopal, pero ahora es pentecostal, están a cargo de la obra en Don Alonso y me han informado que en estas tres últimas noches veinticinco almas han venido al Señor.

El Señor nos ha dado una carpa grande y esperamos empezar campañas tan pronto como la carpa llegue. La carpa todavía está en San José, California, pero esperamos tenerla aquí pronto. Nuestra obra en Ponce y San Anton va muy bien. Cada noche se salvan almas y otros son bautizados con el Espíritu Santo.[93]

La tarea evangelística en el centro evangelístico norte central, no estuvo exento de tensiones con los líderes de la *misión protestante* en la Isla. Esta fue una realidad que estuvo presente desde el mismo inicio de la *misión pentecostal* en Puerto Rico. Panchito Ortiz describió la situación de la siguiente manera en el 1919:

Los ministros denominacionales están confundidos sobre nuestro medio de sostén. Ellos saben que no tenemos salario o ninguna junta de misiones que nos apoye y, a veces, vienen a persuadirnos para que nos vayamos con ellos para tener un salario, pero, ¡aleluya! Él sí

---

[93] Frank D. Ortiz, "Grande Bendición En Porto Rico," *TWE*, October 27, 1917, 13, Flower Pentecostal Heritage Center. La traducción es del autor.

> provee y no tenemos que ir a rogar para realizar nuestro ministerio por dinero. Es cierto que a veces pasamos hambre, pero tomo el ayuno como un remedio especial para la limpieza del estómago y como una limpieza para el alma y me siento bien. ¡Oh, gloria![94]

A fines de año 1920, Panchito Ortiz ofreció un breve resumen del estado de situación de la obra en el área norte central y como se iba extendiendo la *misión pentecostal* por diferentes pueblos y sectores del área. Esta vez Panchito se encuentra en el pueblo de Lares. Se había trasladado de Arecibo para iniciar una nueva misión en Lares. En este breve resumen menciona a dos nuevos plantadores de iglesias en esa área. Sus palabras reflejaban una gran alegría y sentido de satisfacción por un trabajo bien hecho en medio de una situación de privación económica; su relato fue muy elocuente:

> Ahora con relación a la obra aquí debo exclamar un gran 'aleluya' y darle gracias a Dios por lo que él está haciendo por nosotros. Visité Arecibo la semana pasada y la obra está prosperando. El Señor nos ha dado un nuevo salón y confiamos que el Señor nos dará el alquiler de $7.00 al mes. El hermano Águedo Collazo ha probado ser un buen obrero. Es un verdadero hombre de fe y se ha mantenido firme por dos años. Visité también la otra misión en Islote, donde el hermano Águedo y su esposa han trabajado por año y medio y la obra está creciendo bendecidamente. El salón es muy pequeño para la congregación y estamos orando por una salón más grande. Muchas almas se han salvado y muchos enfermos se han sanado en el nombre de Jesús. También visité la misión de Aibonito, [sector del pueblo de Hatillo] a cargo de nuestro predicador nativo el hermano Justino Rodríguez, y está en fuego para Dios. Dos almas se han

---

[94] Frank D. Ortiz, "El hermano Frank D. Ortiz escribe desde Lares, Porto Rico," *TPE*, December 13, 1919, 13. La traducción es del autor.

> salvado últimamente, y si las escuchan testificar piensan que son predicadores. Ciertamente, están muy felices. Aquí en nuestra nueva misión [Lares] un joven presbiteriano casado, hizo profesión de fe las otras noches y testificó que ha sentido más gozo y felicidad en las cinco noches que ha asistido a nuestro servicios que en veinte años en la Iglesia Presbiteriana. La salvación nos hace sentir felices. Todo se ve brillante.[95]

Sin lugar a dudas el poder y señales sobrenaturales con la que se compartió el evangelio de la *misión pentecostal* era de tal magnitud que el pueblo necesitado abrazaba la nueva predica de fe y esperanza. El hermano Lugo lo describió en palabras muy poderosas:

> El hambre por buenas nuevas de salvación con señales y demostración del Espíritu Santo, era tan grande, que los convertidos aumentaban continuamente, siendo estos últimos, nuevos difusores de la Verdad por medio de sus testimonios fehacientes y poderosos.[96]

Así se siguió extendiendo la obra del centro evangelístico del área norte central, bajo el liderazgo incansable de Panchito Ortiz. La llama de pentecostés continuaba alcanzando nuevos sectores. De Palmarito de Arecibo se movió a Islote, Admirante Arriba, Don Alfonso, Utuado y Pastales del barrio Caguana de Utuado, Esperanza de Arecibo y Lares. De Lares a Aibonito de Hatillo. Luego de estos primeros años de trabajo, de día y de noche, del pequeño grupo de evangelistas de Panchito Ortiz, la llama pentecostal estaba encendida en el norte central de la Isla. Se podía decir sin lugar a equivocarse: "El fuego está encendido y, ¿quién lo apagará?"

---

[95] Frank D. Ortiz, "El hermano Frank D. Ortiz escribe desde Lares, Porto Rico," *TPE*, January 24, 1920, 13. La traducción es del autor.

[96] Lugo, *Pentecostés en Puerto Rico*, 99.

La obra amplia de Panchito Ortiz, incluía su visión de proclamar, no sólo la palabra por medio la predicación, sino también por medio de la palabra escrita. En Lares este joven visionario estableció una pequeña imprenta y editaba la primera revista de la *misión pentecostal* llamada *Nuevas de Salvación*. Esta revista Panchito la comenzó a editar en febrero de 1918, en Arecibo, y la siguió publicando en Lares hasta el 1921. En la Convención de 1921, en Arecibo, se le cambió el nombre a la revista y se la llamó: *El Evangelista Pentecostal*. Sin lugar a dudas, este fue un joven con una visión y energía fuera de serie. Es muy lastimoso que la muerte lo alcanzara a tan temprana edad.

Del centro de poder misionero en Arecibo, debemos darle una mirada al centro de poder en Santurce y las áreas alrededor de la Capital de la Isla.

El centro evangelístico de Santurce

Como indiqué anteriormente el tercer centro de poder evangelístico de la *misión pentecostal,* se desarrolló en Santurce con ramificaciones a los pueblos limítrofes. Este centro estuvo a cargo de la misionera Lena Smith Howe. La hermana Howe llegó a Puerto Rico con su hija Elizabeth y su hijo John. Además, en este viaje también la acompañaban, Dorothea y Helen Felix -madre e hija-naturales de Curazao. Antes de llegar a Puerto Rico, había servido como misionera en Venezuela y Curazao. Su visita inicial a la Isla, fue en algún momento en el 1918. Su contacto inicial en Puerto Rico fue con la Iglesia Alianza Cristiana y Misionera[97]. Al poco tiempo de estar en la Isla su hija, Elizabeth, murió y continuó su trabajo misionero ayudada por su hijo John. El relato de su regreso a la Isla, como misionera de la Iglesia Asambleas de Dios, Lugo lo rememoró de la siguiente manera:

---

[97] Santiago, *El pentecostalismo de Puerto Rico*, 61.

> Para fines del año 1919 regresó la hermana Lena Howe de los Estados Unidos y se instaló en Santurce. Inmediatamente comenzó a trabajar en la Obra del Señor haciendo trabajo personal muy efectivo. Entonces instaló una carpa debajo de unos árboles de mango que estaban al lado de la Escuela José Julián Acosta en la calle Villarán o calle del Culto, como es más comúnmente conocida.
>
> El Señor derramaba de su Espíritu Santo de una manera elocuente y generosa. Entonces decidió la hermana Howe tomar una casa para continuar en ella los servicios. Más tarde celebraba servicios en la calle Canals. Aquí en este lugar empezó el Señor un avivamiento que hizo eco por todos los contornos de la Capital.[98]

La misionera Lena Smith Howe le escribe en abril de 1921 al *The Pentecostal Evangel* la siguiente nota sobre su obra misionera en Santurce: "Nuestro trabajo es prometedor, los conversos siguen llegando y algunos han confesado a Jesús como Salvador. Hemos abierto puertas en cinco o seis pueblos cercanos donde hemos celebrado servicios. Aprecio las oraciones de la gente de mi nación".[99]

En agosto de 1921 Panchito Ortiz hace un breve recuento general sobre la *misión pentecostal* e incluye una importante nota sobre el desarrollo de la obra en el centro misionero de Santurce. Así describió el progreso de la obra:

> Estamos muy felices de informar sobre una grande victoria para la obra en Porto Rico como un todo. Parece que un avivamiento viene pues por todas partes se ve una flama candente ardiendo. Nuevos convertidos se siguen

---

[98] Lugo, *Pentecostés en Puerto Rico*, 78.

[99] Lena Smith Howe, "Santurce, Porto Rico," *TPE*, April 30, 1921, 13, Flower Pentecostal Heritage Center. La traducción es del autor.

añadiendo a *las asambleas*[100] y aquí y allá Dios sigue llamando obreros para su obra. El martes pasado fui a Santurce y me alegré de ver como la obra allí ha crecido. En el servicio de la noche tuvimos por una hora una gran experiencia; parecía que estábamos muertos a nuestros alrededores y cantamos en el espíritu. Al día siguiente, fuimos a la playa a bautizar y el hermano Finkenbinder enterró cuatro en la aguas bautismales que se habían convertido bajo el ministerio de la hermana Howe en la prisión y a una hermana que había sido sanada por el poder de Dios, después que un espiritista le había profetizado que iba a morir.[101]

Los Finkenbinders *

Para la primavera de 1921 se unió, por algún tiempo, a la obra de Santurce el misionero Frank Otto Finkenbinder y su esposa Aura Argetsinder. Estos fueron misioneros enviados por el Concilio General de las Asambleas de Dios. Sobre la llegada de ellos a la Isla Juan L. Lugo señala: "En la primavera [marzo]del año 1921, llegó a Puerto Rico, enviado por nuestro concilio, el hermano Frank Finkenbinder acompañado de su esposa, la hermana Aura, quien estaba próxima a dar a luz su primogénito. Hospedáronse en la casa de la hermana Howe."[102] Ese primer hijo de los Finkenbinder nació el 24 de sep-

[100] Es interesante notar el concepto de fidelidad de Panchito Ortiz al nombre "asambleas" para referirse a las iglesias locales . Esto lo llevará a rechazar el nombre "Iglesia de Dios Pentecostal" en el momento de la incorporación de la *misión pentecostal* en Puerto Rico. Sobre este tema hablaremos más adelante en este trabajo.

[101] Frank D. Ortiz, "El hermano Frank D. Ortiz escribe desde Lares, Porto Rico," *TPE*, August 20, 1921, 12. La traducción y énfasis suplido son del autor.

[102] Lugo, *Pentecostés en Puerto Rico*, 76.

tiembre de 1921 en Santurce, Puerto Rico y se llamó Paul Edwin Finkenbinder. Toda Latino América lo conoció como el "Hermano Pablo" y por su programa de radio y televisión, *Un mensaje a la Conciencia*.

Para que entendamos lo grandioso de la dedicación de los Finkenbinders a la *misión pentecostal* debo resaltar el duro camino que pasaron durante sus quince años como misioneros en Puerto Rico. Frances fue la segunda hija del matrimonio, nació en el 1924. El tercer hijo de los Finkenbinders fue Frank, Jr. Este nació mientras sus padres viajaban en barco de New York a Puerto Rico. Frank, Jr. nació ciego. En una nota del Paul Edwin Finkenbinder (Hermano Pablo) -en un anuario dedicado a los nietos de Frank y Aura Finkenbinder, titulado: *Our Finkenbinder Swarzentrubert Heritage*- señala: "Cuando Aura se enteró, por primera vez, de la ceguera de Frank, mientras viajaba de Puerto Rico a New York, casi se vuelve loca, atormentada por los pensamientos de criar a un hijo ciego,. Eventualmente, entendió que su hijo necesitaba una dedicada madre, así que, venturosamente, aceptó el desafío de ser la gran madre que fue". La siguiente hija de los Finkenbinders, Luise Ruth, nació en el 1933, pero murió de meningitis espinal a los seis meses. En el 1934 le nacieron a los Finkenbinders una pareja de gemelos, George y Gerald; ambos juntos pesaron cinco libras y media. Gerald murió a los tres días y George sobrevivió, pero también nació ciego. La última hija de los Finkenbinder, Althea Riley, nació en New York, en el 1937, luego de los Finkenbinders regresar a trabajar en New York.[103] Como se puede ver, experimentar la muerte de dos hijos y la ceguera de otros dos, no era una situación cómoda para estos misioneros pentecostales que tenía que predicar sobre sanidad divina. Pero ellos le creyeron a Dios por sobre sus circunstancias personales, para sembrar una semilla de esperanza entre el pueblo necesitado.

---

[103] Paul Edwin Finkenbinder, "Our Finkenbinder Swarzentrubert Heritage," n.d., Anuario dedicado a la los nietos de Frank y Aura Finkenbinder.

Para abril de 1922 la obra en el centro misionero de Santurce había tomado un giro extraordinario, pero se enfrentaba a las limitaciones de una sociedad indigente, de pobre salud pública y variadas manifestaciones de religión popular. Lena Smith Howe describió la situación de la siguiente manera:

> Nuestro trabajo en Santurce necesita mucha ayuda en forma de oración. Espero que algunos de nuestros lectores tomen algún tiempo para orar por esta obra. La tuberculosis está acabando con mucha gente, incluyendo misioneros americanos. Tres pordioseros se convirtieron en nuestra obra y murieron. Otros han sido bendecidos. Uno recibió el bautismo; una de las hermanas se mareó en el servicio. Luego se dio cuenta que se estaba quedando ciega. De repente, despertó y el Señor oyó su oración y la sanó. En noviembre, una hermana se enfermó de una enfermedad intestinal, común en el trópico; parecía que se iba a morir. Me entregó su hijo y se echó a morir. Los vecinos se burlaban de nosotros al vernos orar por ella en lugar de llamar a un doctor. Pero nosotros oramos y ella se durmió y luego despertó totalmente restablecida. Oren por algunos que se han vuelto atrás y porque nuestros creyentes sean llenos del Espíritu Santo.[104]

La obra del centro evangelístico de Santurce se extendió, a Cangrejos Arriba, San Juan, Bayamón, Cataño, Humacao, el sector Calambreñas en el barrio Aguacate de Yabucoa, Monte Rey de Dorado, Caguas[105] y al barrio Pasto de Aibonito. Fue en este barrio del pueblo de Aibonito donde finalmente se estableció la casa de descanso para los misioneros en la Isla.

Este relato de la obra de los misioneros y misioneras de los tres centros evangelísticos -que hicieron historia en la predi-

---

[104] Lena Smith Howe, "La Hermana Lena Smith Howe Escribe," *TPE*, April 29, 1922, 20, Flower Pentecostal Heritage Center. La traducción es del autor.

[105] Moore, *Puerto Rico Para Cristo*, 3–47.

cación de evangelio de la *misión pentecostal-* es contundente. Leer los testimonios de este grupo de misioneros sencillos y audaces, nos afirma la realidad del poder transformador del evangelio pentecostal, proclamado al pueblo deseoso de escuchar un mensaje de esperanza. En este recuento se destacó la particularidad de la palabra "predicada" y "escuchada" en la experiencia del culto pentecostal.[106] En el desarrollo de la liturgia pentecostal hay una particular conexión entre el predicador/predicadora y el participante del culto, que los enlaza como una unidad a través de toda la experiencia de adoración. El mensajero "predicaba" y el oyente le "respondía", constantemente, con "amenes", "aleluyas" u otras "frases de apoyo" al mensajero. Esa recepción comunitaria de la palabra predicada por parte de la audiencia, hace del culto pentecostal una experiencia liberadora. Es esa dinámica del culto pentecostal puertorriqueño, donde la predicación se vivió como una experiencia espiritual comunitaria. De esta manera, la añoranza de una vida con significado, se hizo posible para los participantes del culto. Esto es, en esas capillas rústicas de los campos borincanos, se desarrolló una forma distinta de "conocer" por medio del proceso de participar en la experiencia de la palabra "hablada" y "escuchada". Esta experiencia le dio un poder transformador a la espiritualidad vivida en el culto pentecostal.[107] Esta experiencia vivida por los primeros pentecostales de la Isla, es lo que años más tarde el connotado teólogo pentecostal, Walter J. Hollenweger describió de la siguiente manera:

---

[106] Estos vocablos los tomo de Walter J. Hollenweger, *Pentecostalism: Origins and Developments Worldwide* (Peabody, MA: Hendrickson Publishers, 1997).

[107] Sobre el tema del poder de la espiritualidad pentecostal consulte a Monte Lee Rice, "The Revolutionary Power of Pentecostal Spirituality," *Pentechorus*, February 26, 2009, https://perichorus.wordpress.com/2009/02/26/the-revolutionary-power-of-pentecostal-spirituality/; Eldin Villafañe, *Introducción al pentecostalismo: Manda fuego Señor* (Austin, TX; Nashville, TN: AETH; Abingdon Press, 2012); Darío López, *La fiesta del Espíritu: Espiritualidad y celebración pentecostal* (Lima, Perú: Ediciones Puma, 2009).

> [La espiritualidad pentecostal] es una espiritualidad que no se imparte por medio de libros, sino en parábolas, no en proposiciones, sino en testimonios, no en disertaciones, sino en danzas, no por medio de un sistema de modo de pensar, sino en relatos y canciones, no por medio de definiciones, sino por descripciones, no por medio de argumentos, sino por medio de vidas transformadas.[108]

Esta significativa y extraordinaria pertinencia del mensaje pentecostal hizo posible que la *misión pentecostal* se extendiera por toda la Isla de forma muy rápida. Ese crecimiento exponencial se examinará en el próximo capítulo. ¡Acompáñenme a celebrar el éxito de los humildes y olvidados!

---

[108] Hollenweger, *Pentecostalism*, 196. La traducción es del autor.

Capítulo 7: Desarrollo acelerado de la *misión pentecostal* en su infancia

De esta manera vertiginosa, descrita en las páginas anteriores, se da el inicio de la *misión pentecostal* en la Isla en sus primeros años. Los tres centros de poder evangelísticos, Ponce, Arecibo y Santurce, se convierten en verdaderas cabezas de playa para el proyecto de alcance misionero a una sociedad necesitada de esperanza. En una extraordinaria declaración, Juan L. Lugo describió esos primeros años de evangelización de la siguiente forma: "Un mero testimonio, un himno, una palabra, un milagro o una oración era suficiente para que las almas hicieran pública profesión de fe en Cristo."[109] Los jóvenes misioneros y sus discípulos puertorriqueños, estaban convencidos que la llama del pentecostés del capítulo 2 del libros de los Hechos había llegado a Puerto Rico para penetrar toda la Isla. Ciertamente, el "fuego se había encendido". Uno de los discípulos de este grupo de misioneros describió el avivamiento pentecostal, de esos años de la siguiente manera: "Desde que calló la primera llama del pentecostés celestial en Puerto Rico, podemos declarar que el mensaje pentecostal ha penetrado con poder y demostraciones del Espíritu Santo en

[109] Lugo, *Pentecostés en Puerto Rico*, 77.

varias villas y distritos rurales y, en estos lugares, el cambio tanto físico como espiritual es maravillosamente palpable".[110]

En el centro del sur durante este periodo, se desarrollaron obras en Ponce, la Playa de Ponce, San Antón, Nueva Bélgica, Montes Llanos, Tibet, Galicia de Juana Díaz, el barrio París de Lajas, la Playa de Mayagüez y Manantiales de Mayagüez.[111] En el centro del norte central se plantaron misiones en Arecibo, Islote, Utuado, Aibonito de Hatillo, Don Alonso y Lares. En el centro evangelístico de Santurce se establecieron misiones en Santurce, San Juan, Bayamón, Cataño, Humacao, Yabucoa, Caguas y se extendió la obra de Santurce hasta el barrio Pasto en el pueblo de Aibonito.

Todo el trabajo misionero, desde los tres centros de poder evangelísticos en el inicio de la *misión pentecostal*, estuvo apoyado por un grupo de evangelistas puertorriqueños que fueron desarrollados por la primera generación de misioneros de la *misión pentecostal* en la Isla. Entre estos se pueden destacar los siguientes: Arturo Pérez, Delfín Montalvo, Eleuterio Rodríguez, Félix Rivera Cardona, Justino Rodríguez, Tomás Álvarez, Águedo Collazo, Ángel Ortiz y Manuel Rivera. Hubo un extraordinario grupo de mujeres que acompañó a los pioneros de pentecostés a preparar a los primeros pastores de la Isla. Entre éstas: Dionisia Feliciano, Isabel Ortiz Lugo, Santitos Ortiz, Carmen Lucena, Aura Argetsinder Finkenbinder, Lena Smith Howe, Isabel Lacaroz, las hermanas Dorothea (Teté) y Helen Felix (madre e hija, oriundas de Curazao). El ministerio, en primera fila, de las mujeres estuvo presente desde los inicios mismos del proyecto de la *misión pentecostal* en Puerto Rico.[112]

---

[110] Tomás Álvarez, "Pentecost Given to Us Porto Ricans," *TPE*, September 20, 1924, 10, Flower Pentecostal Heritage Center. La traducción es del autor.

[111] Ibid., 78–80.

[112] Me parece que es importante que el pentecostalismo, cien años después, se mire en este espejo que nos ofrecieron los pioneros de la *misión*

En un reportaje especial del 20 de septiembre de 1924, que *The Pentecostal Evangel* le dedicó a la obra misionera en Puerto Rico, se describió con lujos de detalles el crecimiento de la *misión pentecostal* desde el 3 de noviembre 1916 hasta el 1922. Juan L. Lugo narró en este reportaje que el día de Año Nuevo de 1917: "un buen grupo de creyentes fueron bautizados en el gran bautisterio del Padre (el mar).... El avivamiento continuó por todos los pueblos y suburbios de la Isla y ya hoy [1922] hay 22 estaciones misioneras en la Isla."[113] En otra parte de su relato, Lugo afirmó: "Como en los días del pentecostés bíblico, muchos llegaban de muchas partes de la Isla para ver qué era aquello que se manifestaba en nuestro medio; algunos decían que era espiritismo; otros que era hipnotismo, pero nosotros sabíamos que era el poder de Dios que trasformaba los corazones de las personas".[114] En este recuento de la *misión pentecostal*, Lugo como hombre visionario al fin, presenta a los lectores del *The Pentecostal Evangel*, lo que él consideraba eran las dos necesidades primarias del proyecto misionero en Puerto Rico. Primero, un templo para la misión de Ponce. Habían transcurrido cerca de ocho años desde el inicio de la *misión pentecostal* y todavía no se había construido un templo. Lo segundo que Lugo reclamó fue un instituto bíblico. En otras palabras, desde 1924, Lugo reclamaba la creación de

---

pentecostal y reciba el ministerio de las mujeres en igualdad de condiciones ministeriales que sus compañeros varones. Todavía algunos concilios pentecostales tienen un largo trecho que caminar en esta dirección. La mayoría no le ofrece a las mujeres ordenadas el derecho a participar de igual a igual con los hombres de las tareas administrativas ejecutivas de la iglesia. En esa dirección, mi denominación, la Iglesia de Dios (Cleveland, Tennesse), tiene una rectificación histórica que hacer; ya es tiempo de comenzar a ordenar a nuestras mujeres ministros y hacerlas participes de igual a igual con los ministros varones para optar por las posiciones administrativas ejecutivas de la iglesia.

[113] Juan L. Lugo, "A Brief Sketch of the Pentecostal Work in Puerto Rico," *TPE*, September 20, 1920, 8, Flower Pentecostal Heritage Center. La traducción es del autor.

[114] Ibid.

un instituto bíblico, que finalmente logró organizar el 1937, bajo el nombre *Instituto Bíblico Mizpa*. Además, confirmó lo importante que era para este joven misionero, la educación bíblica para preparar los ministros para expandir la *misión pentecostal* en la Isla y en America Latina. Las expresiones de Lugo fueron las siguientes:

> Tenemos un buen número de jóvenes que ha recibido el bautismo con el Espíritu Santo; estos jóvenes han recibido el llamado al ministerio y están encendidos en su compromiso por servir al Señor, pero tienen una gran necesidad de preparación bíblica. Estos jóvenes héroes pueden hacer cosas grandiosas aquí y en toda America Latina en el futuro con un pequeño entrenamiento, ya que conocen el lenguaje y costumbres de la gente por ser oriundos de América Latina.[115]

¡Esto es lo que se puede describir como un hombre visionario! Su visión no estaba sólo en Puerto Rico, sino también en toda América Latina.

En el mismo número del *The Pentecostal Evangel* del 20 de septiembre de 1924, Frank Finkenbinder hizo un apretado resumen del estado de situación de la *misión pentecostal* en ese momento. Lo que sigue es su relato:

> [S]ólo nos encontramos en la Isla, la querida hermana Howe, el hermano y la hermana Radley y mi esposa y yo, como misioneros pentecostales estadounidenses, el hermano Lugo y su esposa, como misioneros nativos y también tenemos diecisiete obreros nativos de los cuales cuatro están ordenados al pleno ministerio. Tenemos veintidós *asambleas,*[116] que estos pocos obreros están pas-

---

[115] Ibid., 9.

[116] El término "asamblea" se usaba en el Concilio de las Asambleas de Dios para identificar una iglesia local. Desde el principio de la *misión pentecostal* en Puerto Rico se usó este término para identificar las iglesias locales. Más adelante analizaremos por qué se dejo de usar este término y las dificultades que

toreando, y la bendición de Dios se manifiesta diariamente en nuestro medio. El escritor apenas recibe una carta de algunos de ellos, pero muchos han recibido el bautismo con el Espíritu Santo, *según Hechos 2.4*[117] y otros han sido salvos.

Es maravilloso lo que Dios ha hecho. Puerto Rico está receptivo al Evangelio y debemos aprovechar la oportunidad de las puertas abiertas... o luego podría ser muy tarde. La iglesia tiene cerca de 1000 miembros y un gran por ciento ha recibido el bautismo en el Espíritu Santo.

Hemos iniciado la publicación en español de una revista que llamamos, *El Evangelista Pentecostal* o *The Pentecostal Evangel*, de la cual la hermana Howe es la editora. Esta revista es una verdadera bendición en la manos de Dios y cada número ofrece en la lengua nativa mensajes de salvación, sanidades por fe y del glorioso bautismo en el Espíritu Santo. La revista no se costea por sí misma los gastos de producción, pero Dios nunca nos ha fallado y se paga cada mes, según sale de la imprenta.[118]

La primera convención

Este crecimiento y extensión de la *misión pentecostal* por toda la Isla, comenzó a preparar el ambiente para empezar a pensar en convenciones de las misiones establecidas, para mantener la

---

causó al interior de la *misión pentecostal* en sus inicios. Énfasis suplido por el autor.

[117] La expresión: "Según Hechos 2.4", que se repite constantemente en los informes de esta época, apuntan a la confesión pentecostal que afirma que el bautismo en el Espíritu Santo es confirmado con la evidencia inicial de hablar en otras lenguas, según el Espíritu da que se hable.

[118] Frank Finkenbinder, "Pentecost in Porto Rico," *TPE*, September 20, 1920, 8, Flower Pentecostal Heritage Center. La traducción es del autor.

unidad del proyecto misionero. Ya para el 1920 se comenzaron a preparar los primeros esfuerzos para reunirse en convenciones anuales las diferentes *estaciones*[119] organizadas en los diferentes pueblos y sectores de la Isla. La primera convención[120] se celebró en la ciudad de Ponce del 1ro al 6 de septiembre de 1920. Según las minutas de esta conferencia la Convención tenía el nombre de Concilio de las Asambleas de Dios del Distrito de Puerto Rico.

El Concilio abrió sus trabajos a la 9:00 a. m. con un tiempo devocional y al concluir el mismo se abrió la sesión de negocios para tratar los asuntos ante el conclave de pastores y pastoras. La primera decisión que se tomó fue dedicar la mañana y la tarde del primer día a la oración, lo que resultó en una gran bendición, según las minutas de la Conferencia. La noche se dedicó a una serie de testimonios y mensajes por varios de los obreros.

Al siguiente día, 2 de septiembre, luego del tiempo devocional, se precedió con los negocios y se eligieron los miembros de una Junta de oficiales *pro-tempore* de la Conferencia. Juan L. Lugo fue electo Presidente y Tomas Álvarez, Secretario. Se procedió al pase de lista de misioneros, pastores, delegados y todos juntos arrojaron un total de 27 delegados. De inmediato el Presidente procedió a nombrar un Comité Consultivo y el mismo quedó compuesto por Águedo Collazo, Tomás Álvarez y Lena Smith Howe.

El próximo punto en la agenda de la conferencia fue recibir los informes de los misioneros y obreros. Los informes fueron de mucha inspiración y todos le dieron gracias a Dios por la

---

[119] El término *estaciones* se usaba para identificar las diferentes misiones que iban estableciendo por toda la Isla. Énfasis suplido por el autor.

[120] Santiago, *El pentecostalismo de Puerto Rico*, 34. Helen Santiago señala que esta convención de 1920 fue la tercera desde el 1918. Como no tuve en mis manos documentos relacionados con las convenciones de 1918 y 1919, menciono las primeras dos de las que tuve acceso a documentación específica. Sin embargo, creí prudente mencionar la anotación al respecto, hecha por Helen Santiago.

obra realizada por el grupo. En ese momento se informó que la obra en Porto Rico tenía ya cerca de 600 miembros, 6 misioneros, 5 misioneras locales, 2 ministros locales ordenados, 8 predicadores locales, 5 capillas y 11 congregaciones.

Esta Conferencia de los misioneros y las misioneras, pastores y pastoras, obreros y obreras y delegados y delegadas de la *misión pentecostal,* fue impresionante activa en la toma de decisiones para estructurar la obra en la Isla. A sólo cuatro años de haber iniciado la *misión pentecostal,* este grupo de jóvenes visionarios y visionarias tenían muy claro como querían llevar a cabo los negocios del reino. Es extraordinariamente agradable revisar su capacidad organizativa tan temprano en la infancia de la obra misionera. El producto de la deliberaciones de la Conferencia de 1920 produjo las siguientes decisiones:[121]

- Se presentó y aprobó una resolución para que se nombrara un comité que supervisara la construcción de edificios para las iglesias. El comité quedó compuesto por las siguientes personas: Francisco D. Ortiz, Presidente, Águedo Collazo, Secretario, Salomón Feliciano, Tesorero y Juan L. Lugo, subtesorero.
- Se presentó y aprobó, además, la siguiente resolución: "Por Cuanto la Palabra de Dios no permite el divorcio, excepto sobre la base de infidelidad a los votos matrimoniales; y porque es difícil asegurarse cuál haya sido la razón para el divorcio y la separación, se resuelve que nuestros ministros se abstendrán de casar a parejas en las cuales uno o ambos se hayan divorciado".

---

[121] El contenido de la primera Conferencia de los y las líderes de la *misión pentecostal* en el 1920, está esbozado en un informe traducido al inglés por Lena Smith Howe de las minutas tomadas por Tomás Álvarez. Por acuerdo de esta Conferencia, se debía enviar un informe al Concilio General en Springfield, Missouri y Lena S. Howe hizo la traducción del documento para beneficio del Presbiterio Ejecutivo que no hablaba español. Una copia del original de este documento aparece en anejo B.

- "Que nuestros ministros se abstengan de casar parejas que no sean parte de nuestros convertidos".
- Sobre este mismo tema se aprobó lo siguiente: "Por cuanto el Señor no aprueba el matrimonio de familiares cercanos, se resuelve que nuestros ministros no oficien ceremonias matrimoniales entre primos de primer grado".
- Otra resolución aprobada se relacionó con la Imprenta *La misionera.*[122] "Se resuelve que la imprenta *La misionera* sea considerada propiedad del Concilio de Porto Rico".
- Se aprobó, "que ningún pastor abandone su congregación sin el conocimiento y consentimiento del Presbítero bajo cuya supervisión el pastor trabaja".
- "Se resolvió que ningún obrero salga a un campo misionero local sin consultar su iglesia local y el presbítero de su área".
- "Se resolvió que ninguna persona falta de conocimiento bíblico y sin el bautismo con el Espíritu Santo sirva como pastor".
- "Se resolvió que ya que la imprenta y el boletín mensual, *Nuevas de Salvación,* son propiedad del Concilio de Porto Rico, que el concilio nombre a una persona que sirva como su director y administrador del departamento de publicación. Francisco D. Ortiz fue nombrado".
- Se aprobó una resolución para declarar que, "Nuevas de Salvación se adopte como el órgano oficial del Concilio de Puerto Rico".
- Se aprobó una resolución para, "extenderle un voto de gratitud a la compañía ferroviaria, American Rail Road Company, por su cortesía al donarle clericales a los misioneros".
- Se aprobó que, "las minutas de esta conferencia sean enviadas al Concilio General".

---

[122] Esta era la imprenta que ya estaba operando Panchito Ortiz en Lares.

- Se aprobó que, "las minutas de la conferencia se impriman para el uso de los obreros".
- Se aprobó una resolución para, "seleccionar una junta de directores para consultar con el Concilio General sobre la incorporación y luego proceder con la incorporación de la obra en Porto Rico". Se seleccionó el siguiente comité nominador: Justino Rodríguez, Isabel de Lugo, Dionisia de Feliciano y Pedro Sánchez. El Comité nominador propuso las siguientes personas y fueron electas por votación: Presidente, Frank Ortiz, Secretaria Lena S. Howe, Tesorero, Salomón Feliciano y, además, Águedo Collazo, Lorenzo Lucena, Juan L. Lugo y Tomás Álvarez.
- Se aprobó una resolución para, "que se reciba una ofrenda los segundos domingos de cada mes para ayudar a los obreros nativos".
- "Se aprobó una resolución para que, "el tesorero reconozca la ofrendas enviadas por los pastores, que publique un informe mensual de las ofrendas recibidas y prepare un informe de gastos para la conferencia anual".

Joseph Roswell Flower *

Luego que el Presbiterio Ejecutivo recibió la copia de los acuerdos tomados por los delegados de la primera Conferencia Anual de la *misión pentecostal* en Puerto Rico, ya identificada como, Concilio de las Asambleas de Dios del Distrito de Porto Rico, no se sintió muy feliz con los acuerdos tomados en la Conferencia sin la presencia de un miembro del Concilio General en la misma. En una carta dirigida Frank D. Ortiz, Jr. Joseph Roswell Flower le señaló lo siguiente:[123]

[123] La versión original en inglés de esta carta aparece en el anejo G. La traducción es del autor.

25 de marzo de 1921

Frank D. Ortiz
Box 61
Lares, Porto Rico

Mi querido hermano Ortiz:

Hace algún tiempo que recibimos su carta del 11 de febrero, donde incluyó copias de los artículos de incorporación para las corporaciones que desean incorporarse en Porto Rico y he recibido recientemente copia del acta del Concilio en Porto Rico, todo lo cual se ha recibido con gran interés. Los papeles de incorporación los está evaluando el Presbiterio Ejecutivo y muy pronto les informaremos relacionado a este asunto.

He examinado el acta de la conferencia con particular interés y deseé que hubiera sido posible para uno de nosotros hubiera estado presente en su primera reunión del Concilio de Distrito. Hay demasiadas cosas importantes en la fundación de la obra de un Concilio. Aunque ustedes formaron un Concilio, no hay resoluciones que demuestren que están identificados con el Concilio General de América. Debieron haber aprobado una resolución, demostrando que ustedes son una parte integral del Concilio General de las Asambleas de Dios con cuarteles generales en Springfield, Missouri, EUA. Ustedes, también debieron haber adoptado la constitución del Concilio General, como la constitución del Concilio de Distrito de Porto Rico.

También noté que algunas de sus resoluciones son peligrosas, muy cerca de convertirse en inconstitucionales. Nosotros no tenemos poder para legislar las leyes del gobierno y sin embargo, ustedes tienen alguna legislación en sus actas. De acuerdo a nuestra constitución, sólo aprobamos método escriturales, doctrinas, prácticas, etc, y no aprobamos conducta contraria a la Escritura, obras y doctrinas. Nosotros nos adherimos a estos asuntos estrictamente aquí en América y vigilamos nuestras prácticas para no actuar inconstitucionalmente. La base del trabajo del Concilio es voluntaria, una confraternidad colaborativa. Deseo, si fuera posible, que uno de nosotros esté con ustedes cuando celebren la próxima reunión, porque estamos seguros que les podremos ayudar en esa dirección, de manera que, la obra en Porto Rico esté en perfecta armonía con la obra en América.

Es deseable que los obreros que se desarrollan en Porto Rico, se les de credenciales que demuestren que pertenecen a la obra del Concilio de Distrito en Porto Rico, en lugar de buscar credenciales de esta oficina. Esto aplicará a todos los obreros en Porto Rico, excepto los misioneros que han salido de este país que lo incluye a usted, al hermano Lugo y al hermano Feliciano. Confío que esto será aceptable para los hermanos en Porto Rico.

Entiendo que el hermano Feliciano espera regresar a Porto Rico pronto. Confiamos que usted se ha recuperado completamente de su enfermedad para este tiempo.

Orando para que la bendición de Dios repose sobre usted, soy,

Joseph Roswell Flower

Como se puede ver, esta comunicación, ciertamente expresa varias preocupaciones del Presbiterio Ejecutivo del Concilio General de las Asambleas de Dios en Springfield, Missouri. *Primero,* les preocupó que los delegados se convocaran a un Conferencia Anual sin la presencia de un miembro del Concilio General. Claro esta preocupación partía del acuerdo tomado desde el mismo origen de las Asambleas de Dios en 1914, donde aprobaron la siguiente resolución: "Recomendamos que las Asambleas Locales en los diferentes campos, establezcan Distritos o Concilios Estatales, y que se autorice al Presbiterio a nombrar un Anciano o Evangelista para asistir a las Asambleas de Dios locales en el reconocimiento y establecimiento de Concilios de Distrito o Estatales, y que todo esté en armonía en los Concilios de Distrito con la Constitución del Concilio General".[124] *Segundo*, recriminaron a los líderes de la *misión pentecostal* por no aprobar una resolución específica, identificando de arrancada que esta obra pertenecía al Concilio General de las Asambleas de Dios, con cuarteles generales en Springfield, Missouri. *Tercero,* expresaron preocupación por lo que ellos entendieron como un proceso de legislación que podría ser declarado inconstitucional por el gobierno. Realmente, no he encontrado en las resoluciones aprobadas por la *misión pentecostal,* reunida en Ponce, asunto alguno que se pueda identificar como inconstitucional. Lo más cercano que se podría identificar, fueron las resoluciones relacionadas al matrimonio y las mismas Asambleas de Dios, aprobaron la siguiente resolución en su primera Conferencia Anual en el 1914:

> Por cuanto, las personas divorciadas y re-casadas en el ministerio, usualmente causan tropiezo, reproche y división, independientemente de cual haya sido la causa del divorcio, por lo tanto aconsejamos y recomendamos a nuestros ministros y Asambleas que en el futuro no ordenen al pleno ministerio a aquellos que se han re-

[124] "Minutes of General Council 1914," n.d., 6, Flower Pentecostal Heritage Center.

casado y viven en estado de matrimonio, mientras su ex-esposas está aún viva.[125]

Cuarto, el Presbiterio Ejecutivo dejo bien claro que en la próxima conferencia anual del Distrito de Porto Rico de las Asambleas de Dios, tenía que estar presente un miembro del Concilio General. *Quinto*, parece que había preocupaciones del Presbiterio Ejecutivo de que se estuvieran pidiendo credenciales para los ministros locales a las oficinas centrales de las Asambleas de Dios en Springfield, Missouri y el Presbiterio dejó bien claro que las credenciales de los ministros en Puerto Rico, debía ser expedidas por el Distrito de Porto Rico.

Sobre el tema de la incorporación, tratado en la Conferencia Anual del Distrito de Porto Rico en 1920, el Presbiterio Ejecutivo le envió a Lena S. Howe la respuesta sobre su percepción de los detalles del proyecto de incorporación del Concilio de Distrito de Porto Rico. En el capítulo cinco compartí íntegramente el contenido de la carta enviada a Lena S. Howe el 25 de marzo de 1921[126]. Para efecto del análisis de esta sección, incluyo el párrafo más pertinentes sobre ese asunto. En la mencionada carta,

---

[125] Ibid., 8.

[126] Joseph Roswell Flower escribe la carta dirigida a Frank D. Ortiz y la dirigida a Lena Smith Howe el mismo día, 25 de marzo de 1921. En la de Frank D. Ortiz le informa lo siguiente: "Hace algún tiempo que recibimos su carta del 11 de febrero, donde incluyó copias de los artículos de incorporación para las corporaciones que desean incorporarse en Porto Rico... Los papeles de incorporación los está evaluando el Presbiterio Ejecutivo y muy pronto les informaremos relacionado a este asunto. La realidad fue que la respuesta de Joseph Roswell Flower no fue a Frank D. Ortiz, sino a Lena Smith Howe. Era una carta muy ofensiva para el grupo de jóvenes misioneros que vino a Puerto Rico a nombre del Concilio General de las Asambleas de Dios. A Lena Smith Howe, Joseph Roswell Flower le dijo sobre los misioneros puertorriqueños lo siguiente: "[A]pesar de que apreciamos la habilidad de estos jóvenes y la forma poderosa en que Dios lo ha bendecido y le ha dado un ministerio, sin embargo, cuando se trata de asuntos serios de negocios como estos, hay resquemores de nuestra parte en autorizar a estos jóvenes para que nos representen en el campo y para conferirles ese poder". La traducción es del autor.

Joseph Roswell Flower, le indicó a Lena Smith Howe, a nombre del Presbiterio Ejecutivo, lo siguiente:

> Además, somos de la opinión que necesitamos tener un representante en Porto Rico, con quien nos sintamos totalmente confiados, que esté plenamente capacitado para representar al Concilio General en asuntos de negocios. Al presente, con la excepción de usted, todos los miembros del Consejo son nacidos en Puerto Rico o nuevos misioneros y, a pesar de que apreciamos la habilidad de estos jóvenes y la forma poderosa en que Dios lo ha bendecido y le ha dado un ministerio, sin embargo, cuando se trata de asuntos serios de negocios como estos, hay resquemores de nuestra parte en autorizar a estos jóvenes para que nos representen en el campo y para conferirles ese poder. Yo confío que usted apreciará esta posición y antes de seguir adelante con este asunto, deseamos recibir su consejo.[127]

Ante esta situación, se preparó el camino para que en la próxima Convención del Distrito de Puerto Rico hubiera presencia de algún miembro del Concilio General de las Asambleas de Dios.

La segunda Conferencia de la *misión pentecostal*

Luego de esa primera Conferencia "criolla" del Concilio de Distrito de las Asambleas de Dios en la Isla, en el 1920, se organizó la segunda Conferencia en Arecibo, del viernes 4 al lunes 7 de noviembre de 1921,[128] bajo la supervisión de Henry C. Ball[129], misio-

---

[127] No encontré documento histórico alguno que evidenciara si Lena Smith Howe le envió alguna recomendación al Presbiterio Ejecutivo.

[128] Lugo, *Pentecostés en Puerto Rico*, 78.

[129] Henry C. Ball era superintendente de la obra hispana para las Asambleas de Dios.

nero enviado por el Concilio General de las Asambleas de Dios. Esta vez el Concilio General se aseguró de enviar a un representante oficial para que supervisara los trabajos de la Conferencia.

Henry C. Ball *

Las actas de la Conferencia de 1921 comienzan señalando que esta es la primera Conferencia Anual del Distrito de Porto Rico del Concilio General de las Asambleas de Dios. Es como si no hubiera ocurrido nada en Septiembre de 1920. Luego del devocional de la mañana del viernes 4 de noviembre, Juan L. Lugo fue electo Presidente pro-tempore y Frank D. Ortiz, Secretario pro-tempore. De inmediato se aprobó una resolución donde el Distrito de Porto Rico se declaraba en comunión y cooperación con el Concilio General de las Asambleas de Dios en Estados Unidos. La segunda resolución que se aprobó fue para afirmar la Constitución del Concilio General de las Asambleas de Dios. Como se puede ver los dos cuestionamientos que Joseph Rosell le había formulado en la carta del 25 de marzo de 1921 a Frank D. Ortiz, de inmediato Henry C. Ball, se asegura que se aprueben. La tercera resolución que se aprobó fue para endosar las *Doctrinas Fundamentales* del Evangelio como lo expresaba el Concilio General. Se procedió entonces a nombrar los siguientes comités: El de Credenciales, compuesto por , Frank Finkenbinder, Lena S. Howe y Lorenzo Lucena; el de Conducta Ministerial, compuesto por Lorenzo Lucena, Lena S. Howe y Justino Rodríguez y H. C. Ball.

En la sesión de la tarde del viernes 4 de noviembre, se aprobó la resolución para permitir que los ministros, evangelistas, obreros y un delegado de cada congregación tuviera derecho al voto. Se resolvió, además, que se nombraran los siguientes comités: De Administración, de Evangelización, de Literatura, de

Construcción y de Ordenación. Las siguientes personas fueron nombradas a los diferentes comités: de Ordenación, Frank D. Ortiz, J. L. Lugo y Águedo Collazo; de Evangelización Frank Finkenbinder, Andrés Rodríguez y Pedro Moreno; de Literatura, Lena S. Howe, Francisco Seda, Justino Rodríguez; de Construcción, J. L. Lugo, Manuel Rivera y Pedro Moreno.

En la mañana del sábado 5 de noviembre se eligieron los siguientes oficiales del Distrito de Porto Rico de Las Asambleas de Dios: Juan L. Lugo, Presidente, Frank D. Ortiz, Secretario, Frank Finkenbinder, Tesorero. En la tarde del sábado 5 de noviembre se aprobó la resolución para incorporar el Concilio y para la administración de sus empleados. Se resolvió, "que el Concilio del Distrito de las Asambleas de Dios en Porto Rico, autorice al Comité Ejecutivo a incorporar este Concilio como el de los Estados Unidos. Se resolvió, además, "Que las oficinas principales del Distrito de las Asambleas de Dios en Porto Rico, se establecerán en la ciudad de San Juan. "Se resolvió, también, elegir un agente como abogado para el Concilio y Frank Finkenbinder fue electo". Como se puede ver, la preocupación expresada por Joseph Roswell Flower, donde le señalaba a Lena S. Howe: "... somos de la opinión que necesitamos tener un representante en Porto Rico, con quien nos sintamos totalmente confiados, que esté plenamente capacitado para representar al Concilio General en asuntos de negocios...", se resolvió nombrando un misionero estadounidense para manejar los asuntos administrativos del Concilio del Distrito de Porto Rico de las Asambleas de Dios.

La sesión de la tarde del sábado 5 de noviembre continuó con los informes de los comités nombrados el día anterior. El Comité de Conducta Ministerial recomendó las siguientes resoluciones:

- "Que ningún pastor se mueva de su lugar de trabajo de una parte del país a otra sin primero consulta al Comité Ejecutivo".

- "Ya que no tenemos una escuela bíblica para preparar a nuestros ministros, recomendamos que cada persona que es aceptado en el ministerio compre y estudie un libro de gramática española, para que aprenda a leer y escribir lo mejor posible".
- "Recomendamos que toda persona que desea ser parte del cuerpo ministerial, antes de otórgasele credenciales, debe demostrar la probidad de su carácter cristiano".
- "Recomendamos que ninguna persona entre al ministerio, a menos que sea bautizado con el Espíritu Santo".
- "Recomendamos que ninguna persona entre al pleno ministerio, a menos que haya leído la Biblia en su totalidad y haya estudiado y endosado las *Doctrinas Fundamentales* de este Concilio".
- "Recomendamos que todos los candidatos al ministerio sean examinado minuciosamente, de manera que no haya engaños y para asegurarse que el ministerio sea limpio y santo. No se permitirá en el ministerio personas divorciadas y re-casadas".
- "Recomendamos que todos los que desean entrar al ministerio y los ministros que están en el ministerio, sean examinados en el contenido de los estudios bíblicos publicados en la revista *Nuevas de Salvación*".

El domingo 6 de noviembre no se registra ninguna sesión de negocios en las actas de la Conferencia, por lo que debo concluir que se dedicó a la adoración y predicación junto con los miembros de la congregación local de Arecibo, donde se desarrolló la segunda Conferencia Anual del Distrito del Concilio de Porto Rico de las Asambleas de Dios.

El lunes 7 de noviembre, la sesión de la mañana comenzó a las 9 a. m. Luego del servicio de oración, se procedió a seguir recibiendo los informes de los Comités de la Conferencia. El siguiente comité que ofreció su informe fue el Comité de Literatura. Las resoluciones que presentó este Comité fueron las siguientes:

- "Por cuando hay mucha literatura perniciosa, circulando en nuestros alrededores, resolvemos que los hermanos electos a este Comité y los pastores, seamos guardianes en contra de la literatura falsa y aconsejemos el estudio de las revistas *Nuevas de Salvación* y *La Fe Apostólica*".
- "Se resuelve que las actas de esta sesión sean publicadas en forma de panfleto".
- "Se resuelve que la revista *Nuevas de Salvación* se acepte como la revista del Concilio de Porto Rico".
- "Se resuelve que la imprenta [*La Milagrosa*] se acepte como propiedad del Concilio".
- "Se resuelve que usemos tratados [evangelísticos] para la extensión de esta obra".
- "Por cuanto, es importante informar a los americanos y a las personas de habla inglesa sobre la obra en Porto Rico, resolvemos que se imprima una revista en inglés y que el nombre de la misma sea: *Pentecost in Porto Rico*. Se eligió a Frank Finkenbinder como editor de la revista".

La sesión de la tarde del lunes 7 de noviembre de 1921, se inició con oración. Luego del tiempo de oración, se recibió el informe de Comité de Evangelización. El informe de este Comité presentó las siguientes resoluciones:

- "Resolvemos que todas las asambleas [iglesias] sostengan sus pastores con los diezmos y ofrendas".
- "Por cuanto algunas asambleas son más fuertes que otras, recomendamos que todas las asambleas tomen, por lo menos, una ofrenda al mes y la envíen al tesorero

para que éste la distribuya y envíe a aquellos [pastores] que tienen poco".

- "Siguiendo el ejemplo en otros campos [misioneros], recomendamos que todos nuestros ministros envíen un informe mensual al tesorero, donde le expliquen su situación financiera, para que el tesorero sea correctamente informado de cómo debe distribuir las ofrendas".
- "Recomendamos que cada pastor que tiene dos congregaciones bajo su responsabilidad, envíe las ofrendas de una de esas congregaciones al tesorero para asistir a las asambleas más débiles".
- "Recomendamos que el Presidente del Concilio haga una visita trimestral a todas las asambleas en Porto Rico para aconsejarlas en toda posible dificultad".
- "Recomendamos que cada una de las asambleas pague el importe del viaje de estación a estación".
- "Recomendamos que el hermano Francisco D. Ortiz , Jr. sea electo como el evangelista de este Distrito".
- "Recomendamos que esta obra en general continué como hasta el presente; con tres distritos misioneros. En San Juan y áreas limítrofes, dirigido por Lena S, Howe y Frank Finkenbinder. En Arecibo, Utuado, Lares, Hatillo y áreas limítrofes, dirigido por Francisco D. Ortiz, Jr. y Ponce, Juana Díaz, Lajas, Mayagüez, Cabo Rojo y áreas limítrofes, dirigido por Juan L. Lugo".[130]

El próximo informe correspondió al Comité de Construcción. Este Comité presentó las siguientes resoluciones:

---

[130] Es interesante destacar que esta resolución comprueba mi sospecha sobre los tres centros de poder evangelísticos que ya había identificado en el capítulo cinco. Este documento llega a mis manos con posteridad a la identificación de esos tres centros de poder. De hecho, tiendo a concluir que la decisión en la Conferencia de 1921, se toma para proteger la autonomía de los tres centros de poder evangelísticos ya existentes.

- "Se resuelve que cada asamblea envíe una ofrenda para el fondo de construcción".
- "Se resuelve que todo el dinero en el fondo de construcción sea donado al Concilio de Porto Rico".
- "Se resuelve que cada predicador ofrezca un mensaje sobre las necesidades de las capillas e iglesias, de modo que los creyentes conozcan sus necesidades y ofrenden más libremente".
- "Se resuelve que se acepten todas las capillas construidas como parte de este Concilio".

El informe final correspondió al Comité de Administración. Este Comité presentó las siguientes resoluciones:

- "Se resuelve que el Concilio Ejecutivo o el Presbítero Ejecutivo sea autorizado a convocar al Concilio a sesión cada vez que sea necesario".
- "Se resuelve que el próximo Concilio se reúna en Lajas, Porto Rico".
- "Se resuelve que una palabra de gratitud se envíe al Concilio General por haber enviado al hermano Ball a ayudarnos en el desarrollo de la Obra pentecostal en Porto Rico".
- "Se resuelve que una palabra de gratitud se extienda a la asamblea local y su pastor por la hospitalidad demostrada al proveer cuidado para todos los obreros y demás personas que asistieron a esta Conferencia". De inmediato, se ofreció una aplauso por la concurrencia puesta de pie y se cantó un himno. Los asistentes a la Conferencia ofrecieron una oración de gratitud a Dios por los trabajos del Concilio.

Se puede ver, por el contenido de las resoluciones presentadas y aprobadas en el Concilio del Distrito de Porto Rico de las Asambleas de Dios en 1921, que la mano de Henry C. Ball estuvo presente en toda la Conferencia, timoneando las decisiones de la misma, para que tuvieran en completa armonía con las decisiones que el Concilio General de las Asambleas de Dios ya había tomado desde su formación en Hot Springs, Missouri en 1914. Por otro lado, se puede ver que en sus decisiones, le dieron visos de oficialidad a los acuerdos tomados en la Conferencia de 1920.

Con una nota de regocijo y celebración concluyó la sesión de trabajo de la tarde del Concilio. Al final del acta de la reunión se incluyó una lista de los líderes de la *misión pentecostal* que asistieron al Concilio de Porto Rico del Concilio General de las Asambleas de Dios de 1921. La lista incluyó cuatro categorías de líderes:

- Misioneros
  - Juan L. Lugo, Ponce
  - Francisco Ortiz, Jr. Arecibo
  - Santitos C. Ortiz, Arecibo [Esposa de Francisco D. Ortiz]
  - Frank O. Finkenbinder, Santurce
  - Lena S. Howe, Santurce
- Misioneros Locales
  - Arcadia B. Collazo
  - Isabel L. Lacaroz, Ponce [No creo que sea la misma Isabelita Ortiz de Lugo]
- Ministros
  - Lorenzo Lucena, Mayagüez
  - Águedo Collazo, Santurce

- Predicadores
    - Andrés Rodríguez, Ponce Playa
    - Emilio Bodón, Ponce Playa
    - Manuel Rivera, Montes Llanos
    - Pedro Moreno , Lajas
    - Justino Rodríguez, Aibonito [barrio de Hatillo]
    - Eleuterio Rodríguez, Aibonito [barrio de Hatillo]

El informe de la extensión del trabajo de la *misión pentecosta*l al concluir la Conferencia del Distrito de Porto Rico del Concilio General de las Asambleas de Dios en el 1921, fue alentador por demás. Ya se había extendido la *misión* por los tres centros de poder evangelísticos y se había desarrollado un grupo de pastores y pastoras y obreros locales, hombres y mujeres, con marcado éxito en su trabajo misionero. Sin lugar a dudas, la *misión pentecostal* se había desarrollado exitosa y paralelamente a la *misión protestante.*

Cuando se profundiza para descubrir los elementos que propiciaron el crecimiento y diseminación, por toda la Isla, del mensaje de la *misión pentecostal*, se encuentra varios fundamentos. Uno de estos fue la convicción de estos misioneros y misioneras en el poder de la *oración*. Una y otra vez se encuentra en el proyecto evangelístico de estos jóvenes misioneros, una dependencia total en la *oración* como instrumento de conquista a los desafíos que a diario enfrentaban. Como parte de su formación bíblica, en el camino, descubrieron la centralidad de la práctica de la oración del libro de Los Hechos. Su dependencia en la *oración* los llevó a desarrollar en las "asambleas" –iglesias- que organizaron, un compromiso comunitario e individual con una autentica vida de *oración*. La vida de *oración* de Jesús, los discípulos y los creyentes del periodo neo-testamentario, caló muy profundo en la vida ministerial de estos hombres y mujeres.

Otro elemento que se descubre en los fundamentos de la proclamación del mensaje de la *misión pentecostal,* fue la proclamación *profética*[131] de las posibilidades que por virtud del derramamiento del Espíritu Santo, se le ofrecía a los nuevos creyentes. Estos por medio de esta experiencia podían optar por una vida de mayor significado, aún dentro de sus condiciones paupérrimas de vida que experimentaban. Esa voz *profética* continuamente les afirmaba su valor como nuevas criaturas en Cristo. Este grupo de puertorriqueños y puertorriqueñas encontraron en esta voz *profética*, como dice Harvey Cox, "no sólo una nueva espiritualidad radical e igualitaria", sino también, "una comunidad que preanunciaba nuevos cielos y nueva tierra en los cuales los insultos y las indignidades del mundo pecaminoso presente serían abolidas o quizás revertidas".[132] La transformación de vidas sin significados, por medio del Espíritu Santo, en poderosos predicadores de la buena noticia, era el ejemplo más elocuente del cumplimiento y visibilidad de la voz *profética* del mensaje de la *misión pentecostal.* Sencillamente, era una realidad incuestionable.

De igual forma, hay que destacar que el mensaje de la *misión pentecostal* halló una enorme *resonancia* en el pueblo humilde de la Isla. Como he indicado antes, este mensaje estuvo íntimamente asociado con el avivamiento de la calle Azusa. El avivamiento de la calle Azusa estuvo dirigido principalmente por miembros de la clase negra y pobre de Estados Unidos, lidiados por Joseph J. Seymour. La cultura Afro-americana del sur de la nación, mantuvo elementos autóctonos de la religiosidad africa-

---

[131] Esta proclamación profética no es la misma que definimos para distinguir el ministerio de anuncio y denuncia que caracterizó a los profetas del Antiguo Testamento y que afirmamos hoy en el proyecto de denuncia a los abusos de las estructuras económicas, políticas, gubernamentales, sociales, empresariales y religiosas.

[132] Harvey Cox, *Fire from Heaven: The Rise of Pentecostal Spirituality and the Reshaping of Religion in the Twenty-First Century* (Cambridge, Mass: Da Capo Press, 2001), 112–113.

na que los mezcló con la nueva religiosidad euro-americana. Lo mismo pasó en Puerto Rico.[133] En Estados Unidos la religiosidad africana se mezcló con la religiosidad cristiana protestante; en Puerto Rico con la religiosidad cristiana católica. Sobre este tema Harvey Cox destaca lo siguiente:

> Trances, éxtasis, sueños, visiones y sanidades no eran extrañas ni para los esclavos o sus descendientes. Más aún, ellos no retuvieron estas prácticas autóctonas como una mera herencia. Sino que, según su práctica de respeto por los poderes espirituales, dondequiera que se encontraban, adaptaron y transformaron su espiritualidad africana a su nuevo ambiente.[134]

Por eso, la espiritualidad pentecostal puertorriqueña está íntimamente relacionada con la cultura popular de principios del siglo XX. Lo que deseo enfatizar con la cita anterior, es que la cercanía del mensaje de la *misión pentecostal* a la cultura puertorriqueña, encontró un terreno fértil que comenzó a producir resultados de inmediato. La envoltura de ese mensaje pentecostal era muy similar al embalaje de la cultura puertorriqueña. Fue muy fácil para el campesino y la campesina de la Isla, entender y asimilar un mensaje que usaba su lenguaje, música e instrumentos y le permitía expresar sus lamentos y esperanzas con libertad y respeto, dentro de una comunidad de fe amorosa. Este mensaje le ofreció a este grupo de desheredados un espacio para experimentar la presencia cotidiana del Espíritu Santo en sus vivencias y, de esta manera, imaginarse las posibilidades de un mejor mañana para la comunidad y sus miembros por medio del poder transformador del mensaje pentecostal. De hecho, el mensaje se convirtió en el estilo de vida de los nuevos convertidos y el estilo de vida de éstos, fue un poderoso e irrefutable testimonio para los que atestiguaron el cambio.

---

[133] Con relación el énfasis en lo autóctono de la fe pentecostal puertorriqueña, vea la obra de Santiago, *El Pentecostalismo de Puerto Rico.*

[134] Cox, *Fire from Heaven*, 101.

Confío que los párrafos anteriores nos hayan servido de aperitivo para comenzar a analizar, en toda su riqueza y esplendor, el contenido del mensaje transformador de la *misión pentecostal*. Quiero que de los relatos mismos de los pioneros y pioneras de esta espectacular jornada de esperanza, vayamos descubriendo las columnas que sostuvieron la estructura del mensaje que cambió la vida a miles de hombres y mujeres sin esperanza. Sé que no querrán perderse la develación pausada de esta hermosa joya de vida abundante. ¡Acompáñenme al siguiente capítulo!

Capítulo 8: Contenido del mensaje de la *misión pentecostal*

En el contenido del mensaje de la *infancia de la misión pentecostal en Puerto Rico*, se pueden identificar una serie de características importantes que definen su teología y contribuyen a su rápido desarrollo por toda la Isla. Debo destacar, que el descubrimiento de la teología pentecostal no surge del análisis de los documentos escritos por sus pioneros, sino de la lectura de los testimonios de lo que pasó en las vidas de los que recibieron el mensaje pentecostal. Es decir, nos encontramos con la teología pentecostal, cuando analizamos los relatos de lo que ocurrió en las vidas de los que tuvieron un encuentro con la palabra transformadora del mensaje pentecostal. Sostengo que es en el análisis de los "documentos humanos vivos"[135] y no en el estudio de los "dogmas" y "credos" –pues no estaban presentes- que se va descubriendo la

---

[135] Anton Theophilus Boisen, *The Exploration of the Inner World: A Study of Mental Disorder and Religious Experience* (Willett, Clark & company, 1936); Anton Theophilus Boisen, *Out of the Depths: An Autobiographical Study of Mental Disorder and Religious Experience* (Harper, 1960). Tomo la expresión "documentos humanos vivos" de Anton T. Boisen (1876-1965), padre de lo que se conoce en la formación ministerial como, la Educación Clínica Pastoral. Boisen afirmó en el desarrollo de su metodología de estudios de casos los siguiente: "He buscado comenzar no con soluciones predeterminadas, que se encuentran en los libros, sino con los documentos humanos vivos".

teología de la *misión pentecostal.* Por tanto, la experiencia pentecostal -compartida en forma de testimonios, cánticos, oraciones, sueños, visiones, danzas espirituales y éctasis- cobra supremacía sobre los "dogmas" y los "credos" en la teología de la *infancia de la misión pentecostal.* Es el recuento de lo que ocurrió en las vidas de los creyentes -mente, corazón, sentimientos y acción- que se va develando el conjunto de esa teología pentecostal vivencial. Afirmo -desde mi propia experiencia pentecostal- que fue esta cercanía al dolor, miseria y desesperanza de los *jíbaros* y *jíbaras* de las comunidades desposeídas, que buscaban *la vida mejor,*[136] lo que encendió la mecha del mensaje pentecostal en los corazones de los que oían la palabra compartida. Ese mensaje les comunicó que otra vida, apartada de los sinsabores presentes, era posible y les ofreció esperanza de un futuro mejor. Debo destacar que aunque fue un mensaje que miraba *más allá* de este mundo, al mundo *por venir*, también, de una manera inexplicable, cambió radical y milagrosamente el "aquí y ahora" de esos puertorriqueños y esas puertorriqueñas que vivían en los márgenes de la sociedad en ese momento histórico. En los párrafos que siguen intento recoger la teología de la *misión pentecostal,* como ésta se va develando en los testimonios y vivencias de sus primeros conversos.

Primero, se puede identificar la predicación de un evangelio con profunda convicción de su poder para transformar las vidas de los convertidos. Este es el componente del mensaje pentecostal identificado como: *Cristo salva*. Pero esta afirmación para este grupo de misioneros, no era una mera propuesta hueca y vacía; estaba acompañada de un convencimiento de su poder trasformador inmediato. El poder de este Evangelio transformador se dejó ver en las vidas renovadas de los que escucharon la Palabra. En este sentido el mensaje pentecostal era uno activo y comprometido con las necesidades espirituales del prójimo. Su máxima fue dar de gracia lo que se recibió de gracia. No fue una

---

[136] El concepto *la vida mejor* lo discuto ampliamente en mi libro Estrada-Adorno, *100 años después.*

espiritualidad contemplativa, sino una, activamente evangelística. De igual manera, fue una predicación de un evangelio que presentaba a un Dios personal y relacional, interesado en los infortunios y victorias de los creyentes. Para estos pobres olvidados, era más fácil comprender y acercarse a un Dios que los escuchaba y atendía sus ruegos y que, lo experimentaban de una forma real en los milagros que se efectuaban en sus familias y comunidades cotidianamente. En cierta medida, este pueblo desheredado experimentó un Dios que en las palabras del pastor y teólogo puertorriqueño, Roberto Amparo Rivera, "se mudó" a su "barrio"[137], estableció su residencia en su comunidad olvidada y les ofreció esperanza en medio de su miseria e infortunio. Un Dios relacional era muy fácil de aceptar y prepararle un lugar para reunirse con él -una capilla rústica- y celebrar su presencia en medio de su barrio abandonado. Así lo hizo este pueblo sufrido que recibió el mensaje de la *misión pentecostal.*

Les incluyo algunos relatos de esa experiencia para que descubran el convencimiento de estos jóvenes predicadores sobre el poder transformador de la Palabra que predicaban. Predicaron plenamente convencidos de que el Dios que los acompañaba cambiaría el "llanto" del pueblo en "baile". Revisemos sus testimonios contundentes y descubramos el poder de este Dios relacional que construyó su tabernáculo en el "barrio".

Salomón Feliciano le informaba a la revista *The Weekly Evangel* en enero de 1917: "Sólo una pocas líneas para dejarles saber que Dios está obrando aquí. La gente hambrienta atesora escuchar la Palabra predicada. Estas personas se paran en la carretera y se quitan el sombrero y escuchan por un largo tiempo. Estamos experimentando un glorioso momento; cientos y cientos de personas vienen a oírnos predicar de Jesús."[138] Tres meses

---

[137] Roberto Amparo Rivera, *Miren quién se mudó al barrio* (Carolina, PR: Ediciones Uelomuki, 2007).

[138] Salomón Feliciano, "Wonderful Blessings in Porto Rico," *TWE*, January 6, 1917, 12, Flower Pentecostal Heritage Center. La traducción es del autor.

más adelante le escribe a la misma revista: "Dios está obrando en nuestro medio y muchas almas llegan a Jesús buscando salvación, ..."[139] En otro momento afirma: "El pueblo tiene mucha hambre de la Palabra viva. Tenemos una asistencia entre 300 a 400 personas cada noche y todo lo que el salón puede acomodar es 100 personas. Hay sobre 100 personas convertidas y asisten todas las noches. Así que el salón se llena sólo con los convertidos".[140] En otro instante Salomón Feliciano y Juan L Lugo escriben: "El campo en Galicia es una de los mejores campos que hemos abierto.... [G]racias a Dios que cerca de la mitad de ellos han confesado a Jesús como su salvador y el resto vive en profunda convicción".[141] En otro lugar Juan L. Lugo escribe sobre la *misión pentecostal* en Ponce: "Estamos trabajando en varios campos alrededor y la gente está contenta de oír la Palabra predicada y muchos han confesado a Jesús como salvador y muchos otros viven bajo convicción".[142] Este testimonio de las maravillas del poder transformador del evangelio pentecostal resuena en declaraciones como las siguientes: "Dios está obrando de una manera gloriosa. Un número considerable de personas ha venido al Señor buscando salvación.... El salón que tenemos es muy pequeño para la congregación y los pecadores tienen que permanecer de pie para escuchar el evangelio".[143]

---

[139] Salomón Feliciano, "Bro. Salomon Feliciano Writes," *TWE*, April 21, 1917, 12, Flower Pentecostal Heritage Center. La traducción es del autor.

[140] Salomón Feliciano, "Poberty Pinching," *TWE*, May 19, 1917, 12, Flower Pentecostal Heritage Center. La traducción es del autor.

[141] Juan L. Lugo and Salomón Feliciano, "Salomón Feliciano y Juan L. Lugo envían un informe," *TCE*, October 19, 1918, 12, Flower Pentecostal Heritage Center. La traducción es del autor.

[142] Juan L. Lugo, "Juan Lugo escribe," *TWE*, March 30, 1918, 12, Flower Pentecostal Heritage Center. La traducción es del autor.

[143] Salomón Feliciano, "Salomón Feliciano escribe desde Porto Rico," *TPE*, September 18, 1920, 12, Flower Pentecostal Heritage Center. La traducción es del autor.

Como se puede notar en los testimonios anteriores, hay una íntima relación entre la *proclamación* de la palabra y la *recepción* de la misma. Esto es lo que los teólogos pentecostales modernos han identificado como el elemento "oral-auditivo"[144] de la experiencia pentecostal. Claramente, en estos testimonios se puede detectar el poder de la transmisión oral y recepción del mensaje pentecostal. Como he mencionado antes, la espiritualidad pentecostal se desprende del encuentro vivencial del creyente con el mensaje pentecostal, que se da en la experiencia de *proclamación* y *recepción* –"oral-auditiva"- del mismo, con una poderosa pertinencia para atender los asuntos cotidianos de su vida: temores, dolores, sufrimientos, desesperanzas y celebraciones, sueños y esperanzas.

Una segunda característica del mensaje de la *misión pentecostal* era su compromiso inequívoco con el testimonio de una vida transformada luego de la experiencia de la salvación. Esto es lo que se ha identificado en la teología pentecostal con la afirmación: *Cristo santifica.* Esta experiencia en la espiritualidad pentecostal es lo que describimos como uno de sus rudimentos básicos: la *piedad.* Una vida llena de visiones, sueños, éxtasis, asombros, entrega y compromiso total a la misión evangelizadora de la iglesia. Sobre este tema Harvey Cox, señala que esta experiencia rudimentaria "ayuda a explicar por qué el movimiento [pentecostal] se extendió a través del mundo con una rapidez tan electrificante. Su combinación de imaginario bíblico y adoración de asombro, desencadenó patrones religiosos existentes, pero muchas veces reprimidos, permitiéndoles a los pentecostales enraizarse en cualquier cultura."[145] Esta fue la experiencia que vivieron los creyente pentecostales durante la infancia de la *misión pentecostal* en la Isla. Los relatos de esta etapa de la *infancia del pentecostalismo puertorriqueño,* estuvieron impregnados de ese

---

[144] Cox, *Fire from Heaven*; Villafañe, *Introducción al pentecostalismo*; Rice, "The Revolutionary Power of Pentecostal Spirituality"; Hollenweger, *Pentecostalism.*

[145] Cox, *Fire from Heaven*, 101. La traducción es del autor.

reclamo a los nuevos creyentes. En los párrafos que siguen compartiré algunos de esos testimonios. En sus memorias, Juan L. Lugo expresaba los siguiente:

> Los recién convertidos cantaban llenos de alegría causando sorpresas en muchos de los que antes les habían conocido. Sus testimonios brotaban ya con toda espontaneidad y los cambios operados por el Señor en la vida de aquellas primicias de nuestros esfuerzos en Ponce, eran comentados extensamente por sus amigos y familiares.[146]

En otra ocasión Salomón Feliciano y Juan L. Lugo, ocupados en su trabajo misionero en el área sur, señalaron:

> El campo en Galicia es una de los mejores campos que hemos abierto. Cuando comenzamos este campo la gente allí vivía como lobos salvajes, peleándose unos con los otros, cometiendo adulterio y haciendo toda clases de cosas malas. Pero gracias a Dios que cerca de la mitad de ellos han confesado a Jesús como su salvador y el resto vive bajo convicción.[147]

En una interesante anécdota, el hermano Lugo relata la experiencia de conversión del hermano Pedro Sánchez y señala que aunque este hermano era miembro de una iglesia protestante, su vida no demostraba el cambio de conducta que debía operar el Evangelio. Luego de un impresionante diálogo con el hermano Salomón Feliciano, la vida del hermano Pedro cambió radicalmente y "se dio con ahínco a buscar más de Dios y a reclamar que se cumpliera en él la promesa del Espíritu Santo que Cristo ha hecho a todos los que en Él creen".[148]

---

[146] Lugo, *Pentecostés en Puerto Rico*, 44.

[147] Lugo and Feliciano, "Salomón Feliciano y Juan L. Lugo envían un informe," 12. La traducción es del autor.

[148] Lugo, *Pentecostés en Puerto Rico*, 48.

Sin embargo, uno de los relatos más contundente lo relata el hermano Lugo en sus memorias de la siguiente manera:

> Aún la prensa diaria comenzó a dar gran importancia a los acontecimientos que estaban ocurriendo en nuestro medio, y muchos de los periódicos de la Isla publicaron largos artículos, muchas veces en primera plana, sobre lo que Dios hacía en Ponce. Como es de esperarse, muchos de aquellos artículos ridiculizaban y criticaban acerbamente el creciente movimiento pentecostal. *Sin embargo, algunos indicaban el hecho de que el testimonio de las vidas de los convertidos era algo muy a favor del nuevo movimiento"*.[149]

Una situación semejante ocurrió durante el avivamiento en la calle Azusa en Los Ángeles en 1906. Allí el periódico *Los Angeles Times* de la ciudad de Los Ángeles publicó un artículo el 18 de abril de 1906, sobre la experiencia de los que se reunían en el 312 de la calle Azusa que tituló: "Una extraña Babel de lenguas". El periodista informaba: "respirando palabras extrañas y musitando un credo que ningún mortal en su sano juicio entendería, la nueva secta ha comenzado en Los Ángeles."[150]

Al igual que en el avivamiento de la calle Azusa, en el 1906, donde se ridiculizó a los pentecostales como negros locos, e ignorantes, en Puerto Rico, "los aleluyas" como se solía llamar a los pentecostales en la Isla, también corrieron la misma suerte del desprecio y la burla. Lo irónico de la situación fue que este grupo de supuestos ignorantes, cambiaron comunidades destruidas del pueblo puertorriqueño y prepararon el camino para ofrecerle un futuro mejor a los pobres olvidados de la Isla.

Una tercera característica del mensaje de la *misión pentecostal* estuvo relacionada con la creencia y proclamación de la provisión sobrenatural de Dios en el sacrificio de Cristo para res-

---

[149] Ibid., 54. El énfasis es del autor.

[150] Synan, *The Holiness-Pentecostal Tradition*, 84. La traducción es del autor.

taurar la sanidad de sus hijos e hijas. Esto es lo que se conoce en la teología pentecostal con la declaración: *Cristo sana*. Una vez más, esta experiencia de sanidades sobrenaturales va a la médula del rudimento de la piedad en la espiritualidad pentecostal. Para este pueblo su relación con el Dios de milagros era una experiencia cotidiana. Unos pocos relatos son suficientes para demostrar la extraordinaria realidad de esta experiencia. En uno de ellos el hermano Salomón Feliciano escribió: "Casi todos los días alguien llega a nuestra casa solicitando la oración y Dios ha sanado a muchos de ellos. Uno de nuestros niños se nos enfermó por dos semanas, pero en respuesta a la oración, Dios lo levantó. Le damos al Señor toda la gloria porque él se la merece".[151]

Desde sus primeros meses a su llegada a Ponce, Panchito Ortiz, escribió lo siguiente: "Sólo unas breves líneas para decirles las muchas victorias que hemos ganado por la fe en Jesús. Dios está obrando y los hombres no pueden impedirlo. El avivamiento continúa y muchas almas se han salvado, otras se han reconciliado, *sanado* y bautizado con el Espíritu Santo según Hechos 2.4".[152] Otro evento sobre la intervención sobrenatural de Dios para sanar a un afligido, lo relata el hermano Lugo de esta manera:

Otra noche se nos vino a buscar para orar por la esposa de un mecánico. Ella había padecido de asma toda su vida y pasaba las noches tendida en el lecho, mientras alguien le pasaba un cepillo desde la nuca a lo largo de la espina dorsal. Era la única manera de poder respirar. Era tan alarmante la situación de esta pobre mujer, que su caso llegó a ser harto conocido de todos. La ciencia médica había perdido y Dios era reclamado ahora para hacer la obra. Un grupo de hermanos, encabezados por el hermano Salomón y yo fuimos allá. Ungimos la señora pidiendo

---

[151] Feliciano, "Wonderful Blessings in Porto Rico," 12. La traducción es del autor.

[152] Frank D. Ortiz, "Ponce, Porto Rico," *TWE*, May 26, 1917, 13, Flower Pentecostal Heritage Center. La traducción y énfasis son del autor.

clemencia para su mal y en el nombre del Señor quedó completamente sana en aquel instante.[153]

De igual manera, el hermano Lugo relató las sanidades sobrenaturales de algunos de los miembros de su familia inmediata. Una de ellas la sanidad de su niña mayor, unos meses después de su regreso de California en abril de 1920. Su relato describe uno de sus viajes al pueblo de Lajas para visitar la obra recién comenzada. Señala el hermano Lugo, lo siguiente:

> [L]levamos con nosotros a Pérsida. Allí le dieron a comer una tela de coco. Tal parece que aquello le cayó mal, pues la niña siguió enferma con una terrible indigestión que acababa paulatinamente con su vida. Creíamos que el Señor se la llevaría. Habíamos orado tanto que nos concretamos a esperar que el Señor la sanara. Pasaba los días acostada en el piso sin que nadie se le pudiera acercar. Así pasaron los meses y nunca le dimos ni un te tan siquiera. Al cabo de seis meses, en una ocasión en que mi esposa, consternada, pero paciente, miraba en actitud de conmiseración al contemplar aquel cuerpecito escuálido, en el cual solo sobresalía un vientre crecido, le dijo: "Mi hija ora para que el Señor te sane". Aquella inocente criatura, obedeciendo quizá a la costumbre de vernos orar por ella, cerrando sus ojitos, colocóse (sic) la manito sobre el vientre y balbuceo unas palabras infantiles a tono de plegaria. De momento lanzó una pelota negra de aspecto repugnante y fétido. Por la tarde le matamos una paloma y empezó a comer en seguida, recuperándose rápidamente, hasta encontrarse saludable y robusta como era ella cuando pequeñita.[154]

La otra experiencia de sanidad divina en su familia ocurrió con Benny, su hijo mayor y segundo de sus vástagos. El inci-

---

[153] Ibid.; Lugo, *Pentecostés en Puerto Rico*, 82.

[154] Ortiz, "Ponce, Porto Rico," 13; Lugo, *Pentecostés en Puerto Rico*, 75.

dente ocurre mientras el hermano Lugo está en una conferencia del Concilio en la ciudad del Paso, Texas a principios del año 1924. La hermana Isabelita esta con su familia a cargo de la iglesia en San Francisco mientras Luis Caraballo, de Danville y Domingo Cruz y Cándido Cancel, de Haywood, acompañan a Lugo a la conferencia en El Paso, Texas.[155] El relato describe la enfermedad de Benny y un amiguito del vecindario como difteria. Al vecinito lo llevan al hospital y muere. Mientras que Benny permanece en casa. Lo que sigue es el relato del milagro de sanidad de Benny:

> [Benny], no tomaba alimento y su sufrimiento era terrible. Mi esposa acosada por aquellos hermanos que tanto nos querían, les pidió que le dieran un día más para esperar en el Señor. Los hermanos Celso Olivo y Loreto Santiago, vivían en los altos de la casa que habitábamos. Ellos se subieron muy entristecidos a sus hogares. Ese mismo día como a las once de la noche empezó mi esposa a magnificar el nombre del Señor en voz alta. Inmediatamente los hermanos bajaron con la idea impresa en sus mentes de que Benny había fallecido. Cual sería su sorpresa y placer al verlo tranquilo tomando leche sentado en la cama. Naturalmente este milagro llenó de consternación a todo el barrio. Todos esperaban la muerte del niño, puesto que absolutamente nada había pasado por su garganta y su estado de postración era visiblemente fatal. Pero como a las once llamó a la madre y le pidió leche y algo de comer. Esto despertó en mi esposa el deseo de elevar preces al Todopoderoso, lo cual hizo agradecida por la sanidad efectuada en su hijito. Una vez más nuestro Dios nos daba la victoria porque habíamos confiado solamente en Él. Si Él no sanaba era inútil acu-

[155] Ortiz, "Ponce, Porto Rico," 13; Lugo, *Pentecostés en Puerto Rico*, 81.

dir a los médicos; *esa era nuestra fe*. ¡Bendito el Dios que vive para siempre![156]

Sin lugar a dudas, la experiencia de sanidad divina en el periodo de la *infancia del pentecostalismo puertorriqueño,* estaba enraizada en una fe inconmovible en la confianza de que Dios podía hacer lo imposible posible. Por eso subrayé la expresión del hermano Lugo en la cita anterior: *esa era nuestra fe*. Esta era una fe totalmente dependiente de la misericordia de Dios. El único recurso que tenía el creyente pentecostal en esta etapa era su fe en Dios. No tenía recursos económicos para proveerse muchos de los artículos de primera necesidad; no tenía plan médico, ni recursos para pagar un médico. En ocasiones, donde vivía no había los recursos de un médico. Cuando el predicador pentecostal le aseguró al recién convertido que Cristo sanaba, el nuevo evangelizado lo creyó con todo su corazón y vivió su vida de milagro en milagro. Dios era su único recurso. Su encuentro con Dios en su casa, en la comunidad, en el área de trabajo o en la iglesia, era una experiencia sobrenatural constante. Fue esta experiencia de lo sobrenatural lo que le dio contenido a su fe, y le ofreció esperanza en las peores de las circunstancias. Este pueblo de fe sencilla creyó firmemente las promesas de Dios y afirmó desde lo profundo de su pobreza: "todas las promesas de Dios son en él «sí», y en él «Amén», por medio de nosotros, para la gloria de Dios" (2 Cor. 1.20) y declaró a voz en cuello: "por su llaga fuimos nosotros curados" (Isaías 53.5). Esta convicción propició que su fe en lo sobrenatural cambiara radicalmente las realidades dolorosas inmediatas, en abundancia de gozo y rebosaran en riquezas de generosidad para con sus compañeros y compañeras de peregrinaje. Fue una nueva manera de imaginarse su presente y su futuro con un pleno convencimiento de que el Dios que se le predicaba hacía nuevas todas las cosas. "He aquí, ya se cumplieron las cosas primeras y yo anuncio cosas nuevas; antes que salgan a luz, yo os las haré saber" (Isaías 42.9).

---

[156] Ortiz, "Ponce, Porto Rico," 13; Lugo, *Pentecostés en Puerto Rico*, 82–83. Énfasis del autor.

En esta nueva re-imaginación de la vida de estos nuevos creyentes, las condiciones desesperantes de su presente no determinaban las promesas de su futuro. Esta capacidad para ver lo que no se veía en su entorno inmediato, le animaron a atreverse a soñar una nueva realidad para su vida y la de los suyos. Sin lugar a dudas, el mensaje de la *misión pentecostal* en la Isla, le proveyó al campesinado puertorriqueño una plataforma de esperanza que no había encontrado hasta ese momento, ni en el gobierno, ni en la Iglesia Católica, ni en la *misión protestante.* Fue un mensaje envuelto en su lenguaje sencillo, su cultura agraria y su música e instrumentación. El campesinado se convenció que otra realidad era posible y comenzó a soñarla y a imaginársela. De esta manera sencilla, comienza a calar profundamente el evangelio pentecostal entre las clases desposeídas, proveyéndoles de una nueva comunidad que le ofrecía un puerto seguro para sus sueños. En medios de las cadenas de la pobreza, comenzaron a soñar una nueva realidad. Era su manera de atestiguar, muy parecido a los judíos deportados a Babilonia, la siguiente confesión: "Cuando Jehová hizo volver de la cautividad a Sión, fuimos como los que sueñan. Entonces nuestra boca se llenó de risa y nuestra lengua de alabanza. Entonces decían entre las naciones: «¡Grandes cosas ha hecho Jehová con estos!»¡Grandes cosas ha hecho Jehová con nosotros!¡Estamos alegres! (Salmo 126.1-3). Este mensaje de la *misión pentecostal,* sin lugar a dudas, tenía el contenido de la promesa del primer pentecostés: "En los postreros días —dice Dios—, derramaré de mi Espíritu sobre toda carne, y vuestros hijos y vuestras hijas profetizarán; vuestros jóvenes verán visiones y vuestros ancianos soñarán sueños;" (Hechos 2.17).

Una cuarta característica del mensaje de la *misión pentecostal* estuvo relacionada con la capacitación especial del creyente para dar testimonio de su fe con autoridad. Esto es lo que se conoce en la teología pentecostal con la declaración: *Cristo bautiza* con el Espíritu Santo. Al creyente pentecostal se le enseñó que su responsabilidad principal hacia su fe era compartirla con otros. También se le enseñó que debía compartirla con autoridad y denuedo. De modo que, una parte muy importante del contenido de la fe pentecostal era recibir capacitación sobrenatural, para compartir con autoridad el mensaje transformador que había recibido. A esa experiencia de capacitación el liderazgo pentecostal la identificó, desde un principio, con el bautismo *del* Espíritus Santo, bautismo *con* el Espíritu Santo o bautismo *en* el Espíritu Santo. Son frases que se han usado intercambiablemente en el mundo pentecostal. La distinción de la experiencia del bautismo con el Espíritu Santo como una experiencia distinta a la de la salvación y santificación, fue originalmente promulgada por R. C. Horner, quien afirmaba que la explicación que ofrecía Juan Wesley sobre la experiencia de la santificación, no incluía la experiencia del bautismo con el Espíritu Santo como lo entendía el movimiento metodista de la santidad en aquel entonces. R. C. Horner enseñó que el bautismo con el Espíritu Santo era en realidad una *tercera obra* de gracia, subsecuente a la salvación y santificación, que capacitaba al creyente para el servicio.[157] El mundo pentecostal claramente enfatizó la experiencia del bautismo con el Espíritu Santo, como una subsecuente a la santificación y con la evidencia inicial de hablar en otras leguas, según Hechos 2.4. De esta manera interpretó la *misión pentecostal* el bautismo con el Espíritu Santo, cuando llegó a la Isla en el 1916.

Lo que sigue a continuación son algunos relatos de la experiencia del bautismo con el Espíritu Santo en la *infancia de la misión pentecostal puertorriqueña*. La primera experiencia de bautismo con el Espíritu Santo, la recibió un carpintero que trabaja en la planta alta de la casa de Pepe Escamaroní.[158] Mientras él hacía su tarea de rutina en la planta alta, en la planta baja, que servía de lugar de adoración de la misión, se desarrollaba, al me-

---

[157] Synan, *The Holiness-Pentecostal Tradition*, 50.

[158] En un encuentro reciente –el 29 de mayo en Ponce, durante la celebración del Centenario de pentecostés- con el doctor Martín Scamaroni Cordero, biznieto del hermano Pepe Escamaroní, reconocido en la historia de pentecostalismo puertorriqueño como la primera persona que recibió el bautismo con el Espíritu Santo, el doctor Scamaroni Cordero me señalo que el apellido del hermano Pepe se deletreaba Scamaroni y no Escamaroní.

dio día, un culto de búsqueda del bautismo con el Espíritu Santo. Pedro Moreno, nombre del carpintero, decidió bajar a la hora de almuerzo para unirse al grupo que estaba orando. El hermano Lugo describe lo que le sucedió a Pedro Moreno de la siguiente manera:

> Aquel hermanito...decidió bajar a orar un rato en el servicio del mediodía. A poco de estar orando descendió sobre él el poder de Dios y sé que no podré de ninguna manera describir lo que sucedió a continuación. Tal y como nos dice la Palabra de Dios que ocurrió en Jerusalén cuando los 120 fueron bautizados con el Espíritu Santo, aquella casa en Intendente Ramírez temblaba poderosamente.
>
> ...
>
> El hermano Moreno comenzó a voltear teniendo por punto de apoyo el estómago. Con los pies y la cabeza al aire giraba continuamente. Fué (sic) algo tan extraño, que es difícil comprenderlo a menos que no pueda uno verlo. Aunque había visto yo muchos hermanos antes bajo el poder de Dios, nunca había visto alguno que actuara en forma igual. Todos estaban atónitos y maravillados. Era la primera vez que veían cosa igual, y naturalmente, la impresión que hacía en ellos era muy grande.[159]

Luego de esta primera experiencia del bautismo con el Espíritu Santo, el énfasis en la búsqueda del bautismo del Espíritu Santo como una experiencia subsecuente a la de santificación, marcó la proclamación y reclamo de estilo de vida del mensaje pentecostal, durante la *infancia de la misión pentecostal puertorriqueña*. Esta experiencia sobrenatural servía para atraer más personas a sus servicios. El hermano Lugo señaló sobre esta experiencia lo siguiente: "Aquello pareció ser el fósforo que encendió

---

[159] Lugo, *Pentecostés en Puerto Rico*, 54–55.

el fuego. Todos los días subsiguientes el Señor bautizó alguno más. Cuando salíamos al aire libre, muchos hermanos recibían bendiciones de Dios en público y todo servía par atraer más gente a nuestros servicios".[160]

Creo que es importante incluir algunas otras referencias a la experiencia del bautismo con el Espíritu Santo durante este período. Para hacerlo escuchemos las voces del grupo de evangelización del sur. El equipo original del centro de evangelismo del sur de la *misión pentecostal*, estuvo compuesto por Juan L. Lugo, Salomón y Dionisia Feliciano. Debo anotarle a mis lectores, que durante el primer año de trabajo misionero, antes de contraer nupcias con la hermana Isabel Ortiz, el hermano Lugo vivió en la casa de los esposos Feliciano.[161] Este equipo compartía casi semanalmente con la revista *The Weekly Evangel,* las incidencias de lo que ocurría en la *misión pentecostal* en Puerto Rico. Desde Ponce el hermano Salomón Feliciano relató lo siguiente:

> "Dios está obrando en nuestro medio y muchas almas están llegando a Jesús buscando salvación, al mismo tiempo, muchos han sido bautizados con el Espíritu Santo y fuego.... El Señor me permitió ir a San Juan unos días.... Prediqué en diferentes pueblos y la multitud estuvo muy contenta de oír la Palabra. Mientras estuve en San Juan el Señor salvó a tres y una mujer que había sido salva hace catorce años recibió el bautismo del Espíritu Santo, hablado en otras lenguas como el día de Pentecostés".[162]

En otro momento, los hermanos Feliciano y Lugo escriben desde el sur: Muchos han sido llenos con el bendito Espíritu Santo y es maravilloso ver la gente de Esperanza glorificando y

---

[160] Ibid., 55.

[161] Domínguez, *Pioneros de pentecostés*, 1:90.

[162] Feliciano, "Bro. Salomón Feliciano Writes," 12.

magnificando a Dios. Todos estamos trabajando en armonía".[163] Más adelante el equipo del sur envía el siguiente mensaje a la revista *The Christian Evangel*: "Dios obró de una manera gloriosa durante los días de oración del 10 al 13 de junio. Cinco recibieron el maravilloso bautismo del Espíritu Santo. El fuego todavía está ardiendo. El viernes pasado mientra predicaba el sermón tres más fueron bautizados. Dios está manifestando su poder bautizando creyentes y salvando pecadores.[164]

En medio de su debilidad física, pero sin rendirse ante la adversidad de una infección en sus piernas, el hermano Feliciano comparte las maravillas que siguen ocurriendo en el sur de la Isla.

> [E]l hermano Feliciano escribe de Porto Rico:
>
> Dice que no se siente bien. Ha estado en cama por varios días. Sus piernas están en malas condiciones debido a una infección que sufrió en Santo Domingo. Necesita nuestras oraciones por sanidad total para que pueda reanudar su trabajo. También nos informa sobre bendiciones especiales derramadas sobre el pueblo. En los últimos días de septiembre tres hermanos recibieron el bautismo con el Espíritu Santo.[165]

Un poco más tarde, el hermano Salomón Feliciano comparte las experiencias maravillosas de un nuevo grupo de hermanos y sus planes para buscar un lugar más amplio de adoración. Desde el sur escribe lo siguiente:

---

[163] Lugo and Feliciano, "Salomón Feliciano y Juan L. Lugo envían un informe," 12. La traducción es del autor.

[164] Ortiz, "Ponce, Porto Rico," 11. La traducción es del autor.

[165] Feliciano, "Salomón Feliciano escribe desde Porto Rico," 13. Se refiere a la primera Conferencia del Distrito de Puerto Rico del Concilio General de las Asambleas de Dios que se celebró en septiembre de 1920. La traducción es del autor.

> Dios está obrando de una manera gloriosa. Un número considerable han venido al Señor buscando salvación y también otro número ha recibido la maravillosa promesa del Espíritu Santo, de acuerdo a Hechos 2.4. Por favor, únanse con nosotros en oración para que consigamos un salón más grande. El salón que tenemos es muy pequeño para la congregación y los pecadores tienen que permanecer de pie para escuchar el evangelio. Hemos encontrado un lugar con capacidad para 450 personas, pero el alquiler es $90 al mes. No podemos pagar esa cantidad, pero, sin embargo, necesitamos un lugar más amplio. Oren para que el Señor nos de [sic] un lugar más grande por un alquiler menor. Necesitamos un lugar más grande aquí para la Convención de Distrito en septiembre.[166]

Es interesante anotar que el énfasis en afirmar que los creyentes fueron bautizado con el Espíritu Santo, según Hechos 2.4 es una referencia directa a "hablar en otras lenguas" como la evidencia inicial del bautismo con el Espíritu Santo. El "hablar en otras lenguas, según el Espíritu daba que hablasen" fue un pilar distintivo del pentecostalismo clásico, desde siempre. Vincent Synan destaca que, en sólo semanas, luego de haber comenzado el avivamiento de la calle Azusa en Los Ángeles, el "hablar en lenguas y otros dones del Espíritu, ya se reportaban en otras partes del mundo".[167]

Una quinta característica del mensaje de la *misión pentecostal* estuvo relacionada con la convicción del pueblo pentecostal del pronto retorno de Jesucristo por su iglesia. Este componente del mensaje pentecostal se conoce en su teología como la creencia de *Cristo viene*. Bajo la convicción del pronto regreso de Cristo por su iglesia, el movimiento pentecostal de la calle Azusa en Los Ángeles -dirigido por William J. Seymour, durante los

---

166 Ibid., 12. La traducción es del autor.

167 Synan, *The Holiness-Pentecostal Tradition*, 130. La traducción es del autor.

años 1906 al 1909, y luego en su nuevo centro en la *Misión de la Avenida Norte* en el centro de Chicago, desde el 1910, bajo la influencia de William H. Durham, discípulo de Seymour- se movió a evangelizar el mundo. Su persuasión era que había que evangelizar el mundo ante del pronto retorno de Cristo por su iglesia. Con esta inspiración se convirtieron en lo que Vinson Synan llamó "misioneros de boletos de una sola vía".[168] Salieron a evangelizar al mundo convencidos de que muy probablemente no regresarían a su lugar de origen, por eso el "boleto de una sola vía". Estaban persuadidos que el tiempo era breve y no tenían tiempo que perder. El futuro fue muy importante para los pentecostales durante su infancia. No sólo miraron hacía el pasado, como un movimiento *restauracionista*[169], sino también hacia el futuro como un movimiento *escatológico*. En el pasado buscaban sus raíces en la iglesia neo-testamentaria. Entendieron que su tiempo era el de las "lluvias tardías", anunciadas por el profeta. Creyeron que el Espíritu de Dios se había apartado de la iglesia protestante por su infidelidad. Por consiguiente, se sintieron depositarios del nuevo amanecer en que Dios comenzaría a hacer nuevas todas cosas. Es así, como en el presente comenzaron a saborear la presencia poderosa del mensaje transformador del derramamiento del Espíritu, según el capítulo 2 del profeta Joel. Desde esta plataforma comenzaron a construir su futuro de esperanza. Pero interesantemente, ese futuro de esperanza lo comenzaron a construir desde su resquebrajado presente. La construcción de su futuro escatológico no negaba la realidad dolorosa de su presente. Este presente lleno de contradicciones y sinsabores, se iluminaba con su fe escatológica, donde en la plenitud del futuro "Dios sería el todo en todo". Pero mientras ese tiempo llegaba, los pentecostales de la *infancia de la misión pentecostal puertorriqueña*, al igual que los pentecostales de la calle Azusa y de otros lugares alrededor del mundo, pensaban que ya en su "aquí

---

[168] Ibid., 129–142.

[169] Regreso a la fe de la Iglesia Primitiva, como ésta se manifestó en el Nuevo Testamento.

y ahora", comenzaban a experimentar los anticipos del gozo y la vida abundante de "los cielos nuevos y la tierra nueva". Fue una manera muy creativa de anticipar la seguridad de su futuro desde la inseguridad de su presente.

La urgencia de la brevedad del tiempo, antes de la Segunda Venida de Cristo, acompañó la *misión pentecostal* a todo lo largo y ancho de Puerto Rico. De este modo, la fe pentecostal se convirtió en la esperanza de los *jíbaros* y las *jíbaras* de los empobrecidos campos de la Isla de Borinquen. En medio de la desesperanza económica, marginación social y pobreza espiritual del campesino y campesina del pueblo puertorriqueño, se va develando el nuevo día de *la vida mejor*. El mensaje de *Cristo viene* revitalizó el decaído espíritu del pueblo sin mañana y le ofreció nuevos bríos para la lucha por una vida llena de significado, aún en medio de su profunda pobreza. Como he mencionado antes en esta obra, este mensaje de esperanza a un pueblo sin mañana, se encarnó más allá de los "ritos y dogmas" en acciones concretas que reclamaban un cambio radical de conducta. La proclamación del mensaje de las bendiciones de la nueva era por llegar, reclamaba de los nuevos conversos de la fe pentecostal, una manera nueva de conducirse y un compromiso evangelístico inmediato con los necesitados de la experiencia de participar en las bendiciones del reino escatológico de Dios, apunto de irrumpir en la historia.[170] Estas convicciones fueron el motor que aceleraron la diseminación el mensaje pentecostal de esperanza con rapidez por toda la Isla.

Aunque la pobreza era extrema, la esperanza escatológica le impartía significado a sus penurias y le añadía un gozo inefable a sus vivencias que hacia creíble su mensaje. Los cultos

[170] Tan imponente fue el mensaje de Cristo viene para la misión pentecostal, que muchos años más tarde -1960- un querido evangelista pentecostal del pueblo puertorriqueño, José Joaquín Ávila, mejor conocido por Yiye Ávila, desarrolló su ministerio bajo el emblema de Cristo Viene y designó su ministerio en el 1970 con el nombre: Asociación Evangelística Cristo Viene, Inc.

pentecostales de las noches eran una verdadera fiesta[171] que compensaba los sinsabores de la luchas cotidianas. Los cánticos del culto apuntaban hacia esa realidad del gozo inefable en la presencia de Dios. "El fuego está encendido y, ¿quién los apagará?", "O poder pentecostal ven hoy a mí", "Manda fuego Señor", "Sembraré la simiente preciosa", "No puede el mundo ser mi hogar" y muchos otros, encendían la llama de la esperanza a pesar de las contradicciones de las vivencias diarias. Sobre esa esperanza en medio de la situación de hambruna que vivía el pueblo, se expresó Salomón Feliciano a seis meses después de haber iniciado la *misión pentecostal* en la Isla:

> Las condiciones aquí están terribles. La gente sufre de hambre y los niños andan en las calles desnudos por falta de ropa. Lo que gana un jornalero al día es cuarenta o cincuenta centavos y algunos tienen que trabajar por seis o diez dólares al mes. Los artículos de primera necesidad han subido de precio. Un artículo que costaba cinco centavos hace tres meses hoy vale ocho o diez centavos. Realmente creo con todo mi corazón que estamos en la última hora del retorno de Jesús. Oren, oren, oren por Porto Rico.[172]

Como resultado de esa predicación escatológica de esperanza de un mañana mejor, la llama del mensaje pentecostal cobra fuego de inmediato. Panchito Ortiz describe la experiencia de la siguiente manera:

> El Señor está bendiciendo la obra aquí. Nuestro nuevo salón abrió el 24 de septiembre y desde entonces once almas han confesado a Jesús como su Salvador y Señor. Nuestro nuevo salón con 350 sillas ha estado lleno cada noche en la semana que abrió. Una multitud de cerca de 500 personas ha abarrotado cada noche con

---

[171] Sobre el tema de la "fiesta" en el culto pentecostal debe consultar la obra de López, *La fiesta del Espíritu: Espiritualidad y celebración pentecostal.*

[172] Feliciano, "Poberty Pinching," 12. La traducción es del autor.

personas de todo tipo de clase, tanto ricos como pobres negros y blancos, para escuchar el mensaje de salvación. Muchas de estas personas están bajo convicción y estudian la Biblia para ver si las cosas que decimos son ciertas.

Este mes de septiembre ha sido el mes más difícil, ya que estaba preparando el salón y construyendo la pequeña capilla en Don Alonso. Después de abrir el salón, le clamé al Señor por ayuda, ya que estaba solo con le hermano López y era demasiado el trabajo para dos hombres, y Señor envió a mi padre y al hermano Lucena justo en el tiempo apropiado. A ambos el Señor los usa maravillosamente y honra sus ministerios grandemente. Yo no los esperaba tan pronto, pero Dios preparó todo para ellos y los envió bien rápido.

Ahora nos estamos preparando para una campaña evangelística por toda la Isla. El Señor está levantando obreros y muy pronto éstos se harán cargo de las estaciones misioneras que se han levantado. El hermano Pedro Moreno, uno de los primeros convertidos y quien primero recibió el bautismo del Espíritu Santo y el hermano Rodríguez -ex-ministro de la Iglesia Metodista Episcopal, pero que ahora es pentecostal- están a cargo de la obra en Don Alonso y me han informado que en estas tres últimas noches veinticinco almas han venido al Señor.

El Señor nos ha dado una carpa grande y esperamos empezar campañas tan pronto como la carpa llegue. La carpa todavía está en San José, California, pero esperamos tenerla aquí pronto.

> Nuestra obra en Ponce y San Antón va muy bien. Cada noche se salvan almas y otros son bautizados con el Espíritu Santo.[173]

Del análisis del contenido de la teología del evangelio quíntuple de la *infancia de la misión pentecostal,* pasamos a revisar su proceso de incorporación en el gobierno de la Isla. Como veremos, este fue un proceso traumático que dejó profundas huellas en los participantes del mismo. Acompáñenme y examinemos con detenimiento esa experiencia.

En el próximo capítulo examinaremos la organización formal de *la misión pentecostal* en Puerto Rico.

---

[173] Ortiz, "Grande bendición en Porto Rico," 13. La traducción es del autor.

Capítulo 9: La organización formal de la *misión pentecostal* en la Isla.

Este período que identifiqué como *la infancia* de la *misión pentecostal* en la Isla, incluye la incorporación del proyecto misionero con el nombre de Iglesia de Dios Pentecostal en febrero de 1922. Como vimos en el capítulo siete, antes de esta fecha, en el 1920, Juan L. Lugo y el grupo de misioneros que había iniciado la *misión protestante,* vieron la necesidad de reunirse en asamblea para mantener la unidad del grupo dispersado por toda la Isla. Esta primera Conferencia fue convocada por el liderazgo de Puerto Rico, sin la anuencia del Concilio General de las Asambleas de Dios en Springfield, Missouri. En consecuencia, una segunda convocatoria se hizo para realizar en Arecibo una segunda Conferencia en noviembre de 1921, con el consentimiento del Concilio General y con la presencia de un enviado del Concilio General. La Conferencia de 1921 no le dio validez alguna a la Conferencia de septiembre de 1920. De hecho, designó la Conferencia de 1921 como la primera, ignorando por completo la de 1920 con todos sus acuerdos. Sin embargo, lo que hizo la conferencia de 1921 fue formalizar todos lo acuerdos de la de 1920 y organizar, con el consentimiento del Presbiterio Ejecutivo, la *misión pentecostal* en la Isla como un Distrito del Concilio General de las Asambleas de Dios. Esta Conferencia de 1921, de la *misión pentecostal,* se desarrolló bajo la supervisión inmediata de Henry C.

Ball, enviado especial del Concilio General de las Asambleas de Dios.

Después de esta convención, en el mes de febrero de 1922 -el grupo de misioneros pentecostales se reunieron en Santurce, en el hogar de la misionera Lena Smith Howe- para iniciar el proceso de incorporación de la *misión pentecostal* con su nuevo nombre. El primer nombre que se propuso para la recién creada organización fue *Asamblea de Dios Pentecostal.* Sobre esta propuesta se destacan dos asuntos problemáticos. El primero de ellos tuvo que ver con el nombre *asamblea* en la credencial de Lugo, durante el periodo de la inscripción compulsoria del Servicio Selectivo Federal en el verano de 1917. Lugo señaló lo siguiente: "[H]abíamos tenido una experiencia con las autoridades militares cuando la inscripción del servicio obligatorio en el año 1917. No se nos quiso reconocer como misioneros porque nuestras credenciales no decían la palabra 'iglesia', sino 'asamblea', y aquellos buenos señores no podían comprender que estas últimas fueran iglesias."[174] El segundo ocurrió al momento de la inscripción de la iglesia en la Oficina del Secretario Ejecutivo del Pueblo de Porto Rico en el 1922. También hubo objeción en esta Oficina al nombre *asamblea* para la incorporación de la iglesia y no aceptó el nombre: *Asamblea de Dios Pentecostal* (*Pentecostal Assembly of God).* La alegación fue que el nombre *asamblea* se identificaba más con organizaciones políticas de izquierda que con iglesias. Hay que entender que hacía alrededor de tres años que había terminado la Primera Guerra Mundial y había mucha desconfianza en el ambiente en la Isla. Ante esta situación, Lugo relató:"[N]os decidimos por el nombre Iglesia de Dios Pentecostal, después de haber dedicado un día en oración y ayuno delante del Señor para obtener Su dirección".[175] La persona que propuso el nombre: *Iglesia de Dios Pentecostal*, fue Águedo Collazo. So-

---

[174] Lugo, *Pentecostés en Puerto Rico*, 78–79.

[175] Ibid., 79.

bre este particular años más tarde, Frank O. Finkenbinder informó lo siguiente:

> Como nosotros no teníamos conocimientos de las interioridades legales de este asunto, decidimos regresarnos a la casa de la hermana Howe para reconsiderar el asunto. Los cuatro nos reunimos: hermano Juan L. Lugo, hermano Águedo Collazo, la hermana Lena S. Howe y yo. Después de una breve discusión del asunto, oramos; decidimos mantenernos orando delante del Señor hasta que recibiéramos una respuesta concisa. El primero en hablar luego de levantarnos de nuestras rodillas fue el hermano Collazo, quien dijo, Creo que tengo la respuesta del Señor. En lugar de usar la palabra *asamblea*, sencillamente usemos la palabra *iglesia*. *¡Iglesia de Dios Pentecostal!*
>
> Todos sentimos unánimemente que esa era la respuesta. El nombre era hermoso y se escuchaba muy bien. Nunca se nos ocurrió que podía haber una iglesia en Estados Unidos con el mismo nombre... Regresamos a las oficinas [del gobierno] con el nuevo nombre y [los oficiales] no tuvieron alguna otra objeción. Nos aceptaron y nos incorporaron de inmediato.[176]

Las diferencias sobre el nombre para la incorporación de la *misión pentecostal* trajo serias y agrias resquebrajaduras entre Panchito Ortiz y sus compañeros y compañeras y provocó una ruptura definitiva entre él y el resto del grupo. Lugo describió estas serias diferencias entre ellos de la siguiente manera:

> Tal parece que el nombre para nuestra organización trajo algunas divergencias con el hermano Panchito, pues

---

[176] Frank Otto Finkenbinder, "La obra pentecostal en la isla de Puerto Rico," n.d., 0902266, Flower Pentecostal Heritage Center. En el anejo K incluyo copias de los documentos originales de la incorporación de la *misión pentecostal* con el nombre: Iglesia de Dios Pentecostal, en la Oficina del Secretario Ejecutivo del Pueblo de Porto Rico, en el 1922.

> éste deseaba que se le diese el nombre de "Concilio de Distrito de Puerto Rico", pero al no encontrar apoyo de las personas de la reunión optó por separarse por completo de nosotros y regresando a Arecibo incorporó tres o cuatro Iglesias que estaban bajo su dirección, con el nombre Concilio de Distrito de Puerto Rico.[177]

La cita anterior del hermano Lugo, tiende a confirmar mi sospecha de que el grupo de Arecibo, bajo la supervisión de Panchito Ortiz, funcionaba como un centro de poder más parecido al gobierno del Concilio General de las Asambleas de Dios. Da la impresión que su gobierno de las *asambleas* de Arecibo -palabra que Panchito usaba constantemente para referirse a las misiones de su área- funcionaba bastante independiente del resto de las misiones de la Isla. Su lealtad al gobierno del Concilio General de las Asambleas de Dios era inquebrantable; por eso su insistencia, no negociable, con el nombre: Concilio de Distrito de Puerto Rico. Como he indicado antes, en otro lugar en este trabajo, los líderes del Presbiterio Ejecutivo de las Asambleas de Dios, reconocieron la lealtad de Panchito Ortiz y premiaron la misma. Panchito pasó los últimos días de su vida –por órdenes del Presbiterio Ejecutivo- en la casa de retiro en el pueblo de Aibonito. Frank Finkenbinder relata como trasladó de Lares a Aibonito a Panchito Ortiz y su familia y como cuidó de ellos en la casa de descanso en Aibonito.[178] Allí murió a los 27 años de tuberculosis este incansable paladín pentecostal en junio de 1923.

---

[177] Lugo, *Pentecostés en Puerto Rico*, 79; Santiago, *El pentecostalismo de Puerto Rico*, 61. Santiago describe como se disolvió el Concilio de Panchito Ortiz, luego de su muerte. "Las Asambleas de Dios intentaron mantener vivo el concilio fundado por Ortiz en Arecibo con la presencia del misionero John P. Roberts. Cuando ya en 1922 Panchito Ortiz estaba muy enfermo, Roberts fue electo presidente del concilio. Dado que a la muerte de Ortiz las congregaciones prefirieron unirse a la Iglesia de Dios Pentecostal, Roberts se encargó de disolver legalmente la entidad Porto Rico District Council of the Assemblies." p. 61.

[178] Finkenbinder, "La obra pentecostal en la isla de Puerto Rico."

Con el relato de la incorporación de la *misión pentecostal* con el nombre: Iglesia de Dios Pentecostal, concluyo la historia de lo que he llamado la *infancia de la misión pentecostal puertorriqueña*. Sólo me resta hacer unos apuntes finales sobre este impresionante proyecto que trajo mañana, alegría y esperanza al campesinado puertorriqueño. Esos apuntes finales los incluyo en lo que identifico como la *Posdata* de esta obra. Les invito a que pasen la página y crucen conmigo a examinar las marcas que distinguieron la vida y mensaje de la fe transformadora de la *misión pentecostal puertorriqueña*. ¡Adelante!

Capítulo 10: Posdata

Así concluye el análisis de lo que he llamado la *infancia de la misión pentecostal puertorriqueña.* Fue un tiempo donde se establecieron nuevos modelos y se desafiaron los paradigmas instituidos por otras confesiones religiosas. Este proyecto misionero estaba fundado en la proclamación de un mensaje transformador, esperanzador y agresivo que llamaba al pueblo a darle una nueva mirada a su situación de desesperanza con una extraordinaria posibilidad de alcanzar una vida de logros y de un mejor mañana. A pesar de las limitaciones impuestas por la transportación, la falta de recursos físicos, humanos y económicos y el desprecio a los misioneros de esta nueva fe, la misma se propagó por toda la Isla de forma vertiginosa. En esta etapa de la *infancia del pentecostalismo puertorriqueño*, se echaron los fundamentos para el desarrollo espectacular de una fe que cambió los contornos y la vida los de los jíbaros y las jíbaras de los campos de mi Borinquen querida.

El contenido del testimonio de la *misión pentecostal puertorriqueña* se enraizó en la narrativa del Nuevo Testamento. Ésta presenta a la iglesia como una comunidad de fieles entrelazada por las fuerzas del *amor,* la *fe* y la *esperanza.*[179] Una mirada rápida

[179] Howard A. Snyder and Joel Scandrett, *Salvation Means Creation Healed: The Ecology of Sin and Grace: Overcoming the Divorce between Earth and*

a la literatura juanina demuestra que el Apóstol Juan hizo énfasis en el amor como una de los distintivos de la comunidad de fe neotestamentaria. Juan describe esta comunidad de la siguiente manera: "En esto conocerán todos que sois mis discípulos, si tenéis amor los unos por los otros" (Jn. 13.35). Además, añade: "En esto es glorificado mi Padre: en que llevéis mucho fruto y seáis así mis discípulos. Como el Padre me ha amado, así también yo os he amado; permaneced en mi amor"(Jn. 15.8-9). Como se puede ver, Juan deja bien claro que una de los distintivos inequívocos de la iglesia es el amor. Claro este amor es un don de Dios.

Consecuentemente, la respuesta apropiada al amor de Dios, se debe mostrar en una relación amorosa auténtica a favor del prójimo. Así lo expresa Juan: "Nosotros lo amamos a él porque él nos amó primero. Si alguno dice: Yo amo a Dios, pero odia a su hermano, es mentiroso, pues el que no ama a su hermano a quien ha visto, ¿cómo puede amar a Dios a quien no ha visto? Y nosotros tenemos este mandamiento de él: El que ama a Dios, ame también a su hermano" (1Jn. 4.19-21). Éste no es un mero amor contemplativo; realmente se refiere a un verdadero amor en situaciones reales en la vida cotidiana. Es el amor que se encarna en la vida de una comunidad de creyentes que desea firmemente seguir el ejemplo de Jesús. El ejemplo de Jesús, se detalla en la narración del evangelista Lucas en el capítulo 4.17-19, 21. En ese pasaje, Jesús dejó bien claro que su ministerio público sería entre los desposeídos, los pobres, los oprimidos, los enfermos y los cautivos.

De igual manera, como Jesús -la iglesia, la comunidad de fieles- debe ser ungida por el Espíritu Santo y llena de amor para servir a los prisioneros, los ciegos, los enfermos, los oprimidos y

---

Heaven (Eugene, OR: Wipf & Stock Pub, 2011). Snyder discute estos tres distintivos de la iglesia neotestamentaria y las relaciona con lo que en la historia de la iglesia se conocen como las marcas de la verdadera iglesia: *Una, santa, católica* y *apostólica*, pp. 183-193. En mi caso yo le añado *gozo* que Snyder no incluye y que se encuentra en el mismo pasaje bíblico de 1 Tesalonicenses 1:2-7 al cual él se refiere.

los pobres. Fue a este grupo de personas desposeídas que los misioneros y las misioneras pentecostales encontraron en los campos de la Isla y le llevaron su mensaje de amor, perdón, esperanza y gozo. Esto quiere decir que el compromiso de los misioneros de la *misión pentecostal puertorriqueña* con el pueblo olvidado, fue el resultado directo del amor que Dios había derramado en sus corazones por medio del Espíritu Santo que les había sido dado. El texto bíblico lo expresa de esta manera: "y la esperanza no nos defrauda, porque el amor de Dios ha sido derramado en nuestros corazones por el Espíritu Santo que nos fue dado" (Rom. 5.5).

Así la *misión pentecostal*, predicó el evangelio de Cristo a los pobres de la Isla: como fruto del amor de Dios, de la misma manera como Jesús lo hizo a su generación. Desde luego, este amor tiene múltiples manifestaciones y, ciertamente, una de ellas está íntimamente relacionada al bienestar de la persona amada. Esto es, este amor es el amor de Dios manifestado en Cristo y por medio del poder del Espíritu Santo, dirigido a alcanzar su creación y redimirla íntegramente.

Además, de identificar el *amor* como una de los distintivos de la iglesia, el Nuevo Testamento habla acerca de la *fe* como otra característica de la iglesia. En sus páginas se describe la comunidad de fe de la siguiente manera: "Justificados, pues, por la fe, tenemos paz para con Dios por medio de nuestro Señor Jesucristo, por quien también tenemos entrada por la fe a esta gracia en la cual estamos firmes, y nos gloriamos en la esperanza de la gloria de Dios". (Rom. 5.1-2). Esta declaración afirma lo que Dios ha hecho en Cristo a favor de su pueblo y claramente demuestra la nueva posición otorgada a todos en Cristo. De una forma inequívoca expresa confianza en el presente y futuro sobre la base del acto redentor de Dios en Cristo Jesús. Es por esa razón que el autor de la Carta a los Hebreos afirma: "Pero sin fe es imposible agradar a Dios, porque es necesario que el que se acerca a Dios crea que él existe y que recompensa a los que lo buscan" (Heb. 11.6).

El grupo de misioneros y misioneras de la *misión pentecostal* vivió y reclamó para sí mismo y para todos los demás, una fe inconmovible y transformadora. Este grupo se sostuvo en una plataforma de fe y confianza, desde donde soñaron un futuro diferente para su pueblo. Le proporcionaron a la gente sin capacidad para soñar una realidad diferente y le garantizaron que podían salir de su situación de desesperanza. Le llenaron de cánticos su boca y su vida de alegría y danzas y levantaron su cabezas de la vergüenza a un gozo inefable impensado. Sin duda alguna, su mensaje cambió comunidades enteras.

En un extraordinario cuento, *Azuquita* -en la obra literaria del licenciado Marcos A. Rivera Ortiz, *Aventuras de la Juntilla: Cuentos de Maturí*- el autor narra el encuentro entre un hombre de su barrio que fue amenazado por otro de muerte. Frente a la presente amenaza, un día, Azuquita decidió confrontar a su amenazador de nombre Pascualito. Se dijo así mismo: "No puedo vivir así. Lo mato o me mata" . Frente a su dilema no resuelto, se encaminó a la casa de Pascualito y para dilucidar su lucha lo llamó a gritos a la puerta de su casa. Listo a matarlo o ser muerto por Pascualito. El autor señala que Azuquita: "Se preparó para el encuentro. La puerta graznó suavemente. Apareció Pascualito con semblante sereno e irradiando paz." Pascualito le dijo a Azuquita: "Sabía que vendrías. Me he convertido al Señor. Él ha respondido a mis oraciones [y] le dijo[:] Entra"[180]. Como la historia de este cuento, hay cientos de historias de la vida cotidiana que dramatizaron el poder transformador del evangelio pentecostal en diferentes comunidades puertorriqueñas.

Otro distintivo de la iglesia neotestamentaria es la *esperanza*. En la etapa de sus comienzos, Lucas describe la comunidad cristiana con las siguientes palabras: "Y perseveraban en la doctrina de los apóstoles, en la comunión unos con otros, en el

---

[180] Marcos A. Rivera Ortiz, *Aventuras de la juntilla: Cuentos de maturí* (Carolina, PR: Terranova, 2006), 100.

partimiento del pan y en las oraciones. Sobrevino temor a toda persona, y muchas maravillas y señales eran hechas por los apóstoles. Todos los que habían creído estaban juntos y tenían en común todas las cosas: vendían sus propiedades y sus bienes y lo repartían a todos según la necesidad de cada uno. Perseveraban unánimes cada día en el Templo, y partiendo el pan en las casas comían juntos con alegría y sencillez de corazón, alabando a Dios y teniendo favor con todo el pueblo. Y el Señor añadía cada día a la iglesia los que habían de ser salvos" (He. 242-47).

Esta descripción de la Iglesia Primitiva, del relato de Lucas, guarda una enorme similitud con el cuadro claro del estilo de vida sencillo y de *esperanza* de los creyentes en la etapa de la *infancia* de la *misión pentecostal puertorriqueña*. La descripción es contundente; no narra la *esperanza* de un individuo aislado, sino la *esperanza* de toda una comunidad. Sobre esta esperanza comunitaria, el autor de la carta a los Hebreos señala que esta esperanza del pueblo de Dios era, "... como segura y firme ancla del alma, y que penetra hasta dentro del velo, donde Jesús entró por nosotros como precursor, hecho Sumo sacerdote para siempre según el orden de Melquisedec." (Heb. 6.19-20).

Finalmente, el Nuevo Testamente identifica la experiencia de *gozo* como otro de los distintivos de la iglesia de Cristo. En el inicio de la Primera Carta de Pablo a los Tesalonicenses, junto al *amor*, la *fe* y *esperanza,* incluye también el *gozo* como uno de los distintivos de la iglesia. "Vosotros vinisteis a ser imitadores nuestros y del Señor, recibiendo la palabra en medio de gran tribulación, con el gozo que da el Espíritu Santo. De esta manera habéis sido ejemplo a todos los creyentes de Macedonia y de Acaya, ..."(1Tes. 1.6-7).

Consecuentemente, los distintivos de la iglesia requieren que todos sus servicios sean realizados de una manera gozosa. No se pueden ofrecer como una carga impuesta, sino que deben fluir del gozo inefable otorgado por el Espíritu Santo. Por eso, los misioneros y misioneras de la *misión pentecostal* dedicaron sus vidas con gozo y alegría a compartir su evangelio de *amor*, fe, *es-*

peranza con el sufrido pueblo puertorriqueño. Estaban plenamente convencidos del poder de su mensaje para transformar las fuerzas del pecado que oprimían a un pueblo que buscaba un futuro mejor. Por consiguiente, este grupo de líderes no llegó a los campos borincanos con las manos vacías; su testimonio público fluyó de su compromiso con el Dios que había hecho *nuevas todas las cosas* en Cristo Jesús. Ciertamente, este grupo de misioneros y misionaras había confiado en el mensaje del escritor de Apocalipsis: "El que estaba sentado en el trono dijo: Yo hago nuevas todas las cosas" (Apo. 21.5). Por eso su mensaje fue tan poderoso y eficiente para transformar en vida abundante la realidad dolorosa de un pueblo sin mañana.

Ese evangelio de *amor, fe, esperanza* y *gozo,* los misioneros de la *misión pentecostal* lo entregaron en el ropaje teológico de las cinco dimensiones del evangelio pentecostal, como indiqué en capítulo 8. Esas cinco dimensiones fueron *Cristo salva*, *Cristo santifica*, *Cristo sana*, *Cristo bautiza* y *Cristo viene*. Desde luego, debo destacar que la versión del mensaje pentecostal que llegó a Puerto Rico se identificó más con la reformada que unía la experiencia de salvación y santificación en la experiencia de la conversión, esto es la justificación y regeneración. Desde esta perspectiva se mencionaba entonces sólo cuatro experiencias: *Cristo salva*, *Cristo sana*, *Cristo bautiza* y *Cristo viene*. A esta versión reformada del pentecostalismo se la llamó el evangelio *cuadrangular*. La versión pentecostal que separaba la experiencia de salvación de la santificación, se le identificó como pentecostalismo wesleyano –*evangelio de las cinco dimensiones, quíntuple*- e incluyó como componentes separados: *Cristo salva*, *Cristo santifica*, *Cristo sana*, *Cristo bautiza* y *Cristo viene*.[181] Esta versión pentecostal estaba enraizada en el movimiento wesleyano del sigo XVIII y en el movimiento de la santidad del siglo XIX. Debo afirmar que el movimiento pentecostal es difícil de entender sin tener bien claras "las carac-

---

[181] Para un estudio detallado sobre este tema vea el clásico de: Donald W. Dayton, *Raíces teológicas del pentecostalismo* (Buenos Aires; Grand Rapids: Nueva Creación; W.B. Eerdmans Pub., 1991).

terísticas de su origen". Norberto Saracco, en su introducción al libro de Donald Dayton, *Raíces teológicas del pentecostalismo,* señala:

> Entre ellas se destacan dos: (1) [e]l valor de lo personal e individual por encima de lo estructural o denominacional; (2) [e]l valor de la experiencia espiritual por encima de la articulación teológica. Ambos factores se hallan tan íntimamente relacionados entre sí que se podía hablar de una relación de tipo circular. Es decir, uno es a la vez causa y efecto del otro. La experiencia legitima el rol de quien la vive, mientras que por ello se constituye en el receptor de nuevas experiencias. La autoridad deviene de algo que está más allá de toda estructura y por lo tanto la fidelidad está dirigida a la fuente de autoridad y no a las mediaciones humanas de ella.[182]

Muchos ven en la teología pentecostal un proyecto escapista, futurista y utópico. Afirman que esta teología tiene un énfasis desmedido en el "reino futuro" y le presta poca atención al "aquí y ahora". Sin embargo, aceptando cierto grado de realidad en esa caracterización de la teología pentecostal, quiero, por otro lado, enfatizar que las oraciones, cánticos, danzas, testimonios, lectura de la Palabra, predicación y el hablar en otras lenguas, elementos fundamentales de la teología pentecostal, no sólo presentaron un contenido espiritual del *mañana* de la fe pentecostal a su primera audiencia, sino también una manera diferente de traerle *justicia social* al creyente humilde por medio de la transformación de su mente sin *mañana* a un *proyecto de futuro* que le ofrecía transformación *personal* y de su *contexto comunitario* de desesperanza, para encausarlo por un camino de posibilidades. Era una manera diferente de hacer *justicia social.* Los misioneros y misioneras de la *misión pentecostal,* en la sencillez de su expresión del amor de Dios, tocaron vidas destruidas y reconstruyeron

---

[182] Ibid., vii–viii.

comunidades olvidadas por medio del testimonio poderoso de un evangelio que hacía nuevas todas las cosas[183].

Sostengo, que este grupo de misioneros y misioneras, como fruto de su compromiso por la entrega del evangelio pentecostal, salieron en misión por las comunidades de los pobres y oprimidos de los campos borincanos para compartir, desde su particular entendimiento del evangelio, un mensaje de *reconciliación espiritual* y de *justicia social* para aquellos que necesitaban una nueva oportunidad en sus vidas. Creo que puedo afirmar, sin lugar a equivocarme, que estos héroes y heroínas de la fe, convirtieron su adoración, oraciones, danzas, lenguas, proclamación de la Palabra en una doxología de esperanza para los que vivían oprimidos por las fuerzas del mal, tanto en su ámbito *personal* como en el *comunitario*. No fue un proyecto de *justicia social* como se entiende contemporáneamente, pero sí fue un *proyecto liberador*[184] que le dio nuevas posibilidades a su primera audiencia y a las subsiguientes generaciones de pentecostales.

De esta manera damos por terminado este segundo volumen del proyecto del pentecostalismo puertorriqueño y su impacto en la sociedad puertorriqueña. Nuestra próxima mirada será a la época que he llamado la adolescencia y madurez del pentecostalismo puertorriqueño. A esas etapas nos dedicaremos en el próximo volumen de esta obra. Espero tener suficientes fuerzas físicas y agilidad mental para continuar examinando con ustedes los maravillosos caminos de la fe pentecostal puertorriqueña y su aportación a la vida de mi querido terruño. Espero que nos podamos encontrar pronto, desenterrando documentos que nos harán apreciar y distinguir la nube de testigos que nos

---

[183] Ver también a Darío López Rodríguez y Víctor Arroyo, *Tejiendo un nuevo rostro público: Evangélicos, sociedad y política en el Perú contemporáneo*, Kindle (Lima, Perú: Ediciones Puma, 2008).

[184] Sobre el proyecto liberador de la fe pentecostal vea la obra de Eldin Villafañe, *El Espíritu liberador: Hacia una ética social pentecostal hispanoamericana* (Buenos Aires; Grand Rapids, MI: Wm. B. Eerdmans Publishing Company, 1996).

precedieron y nos entregaron el mensaje pentecostal. ¡Esa es mi esperanza! ¡El fuego está encendido!

Anejos

Anejo A: Testimonio de la conversión de la hermana Isabelita Ortiz de Lugo[185]

Nací en el pueblo de Guayanilla y fui a vivir con una hermana de mi padre; ella y su familia vivían frente a la iglesia católica y frente a la plaza de recreo en el pueblo. Eran personas muy religiosas, pertenecían a la iglesia católica en la cual me condujeron desde que fui a estar con ellos. Allí asistí a la escuela en mis primeros años y fueron para mí como mis padres. Gracias a Dios por ellos. Pero siempre, aunque asistía a la iglesia, tomaba la comunión y cumplía con todos los requisitos que la religión me exigía, había un vacío en mi alma y algo que necesitaba llenar y que en la religión no lo encontraba. Pero gracias a

Dios que todas las cosas obran para bien. Después de ejercer mis primeros años en la escuela primaria católica, me sentí enferma y contraje un paludismo y una fiebre muy fuerte. Me dijeron que lo mejor sería un cambio del hogar y del sitio donde estaba para contrarrestar la enfermedad. Mi familia, por parte de mi madre, tenía unas amistades en la ciudad de Ponce y allí me llevaron con aquella enfermedad. Las fiebres a veces me atormentaban mucho, pero con todo eso procuraba ir allí a la

[185] Nota del autor del libro. Esta es una transcripción directa del testimonio de la hermana Isabelita Ortiz de Lugo, grabado en un video en la sala de la casa de su hija menor Hulda Escarnio, el 2 de enero de 1988. La copia del video me fue suministrado por el doctor Benjamín Alicea Lugo, nieto del matrimonio Lugo-Ortiz. Se ha mantenido la transcripción de la grabación original con algunos arreglos mínimos, para mantener la autenticidad del testimonio extraordinario de la hermana Isabelita. La foto de la hermana Isabelita, fue cortesía de Raquel Collazo, también nieta del matrimonio Lugo-Ortiz.

escuela católica. Recuerdo que quedaba en la calle salud; no se ahorra, pero en ese tiempo allí asistí. Así es que mis enseñanzas todas fueron religiosas y siempre seguía enferma. Recuerdo que una noche estando en esa condición fui trasladada en un sueño y, estando en ese sueño, vino un ángel y se paró a mi lado y me habló; yo no podía contemplarlo cuando me hablaba, porque la gloria le cubría de arriba hasta sus pies y el resplandor era tan grande que yo no podía alzar mis ojos parar verle. Pero me habló y me dijo: "Hija mía yo soy el buen pastor, el buen pastor su vida da por las ovejas". Recuerdo que cuando estaba en la iglesia Catolica aprendí que allí se celebraba la procesión del Buen Pastor; yo pues iba y asistía a ella. El propósito de esta procesión era llevar al Buen Pastor a los enfermos, esto es, la comunión a aquellos que no podían asistir a la iglesia; yo acostumbraba a ir en esa procesión. Recuerdo, en el sueño, que yo llevaba la copa que solamente el vicario o el sumo sacerdote podían llevar. Llegaban hasta los hogares de los enfermos y allí daban la comunión o eucaristía a aquellos que tenían necesidad y no podían asistir a la iglesia. Me sentía tan indigna y tan miserable, haciendo este trabajo de tan suma importancia. Decía para mí: "Pero cómo yo en esta condición, que nunca puedo igualar a la espiritualidad de estos hombres, puedo ser capaz de hacer tal obra". Pero recuerdo en esa ocasión que Él me dijo: "Yo soy tu buen pastor y el buen pastor da la vida por las ovejas. Esto simboliza que algún día tú también has de llevar al Buen Pastor -la comunión que estás llevando- a los enfermos. Esto simboliza mi cuerpo y mi sangre que fue derramada en la cruz del Calvario para salvarte y para salvar al pecador". Recuerdo con lágrimas, que abrí mis ojos; entonces pude ver que solamente era un sueño. Aquel sueño transformó mi vida; aquel sueño y aquel ángel, que me habló -bendito sea su nombre- cambiaron y transformaron mi vida por completo. Entonces, aquel vacío que yo sentía, como que empezó a llenarse. Las palabras eran tan diferentes a las palabras que yo estaba acostumbrada a oír; ahora eran palabras de consuelo, palabras de seguridad, palabras de regocijo, oh gloria sea el nombre del Señor. Me dijo: "El que me sigue y hace mi voluntad yo le haré que sea ganador de almas". ¡Bendito sea su nombre!

Recuerdo, como dije, que estaba enferma y había sido llevada a Ponce a casa de un familiar de mi madre. Estando allí en la casa de ellos, vinieron unos misioneros desde el estado de California. Salomón Feliciano y la hermana Dionisia, su esposa, y sus hijos, habían sido llamados como pioneros para llevar el evangelio a Santo Domingo; el hermano Lugo, había sido llamado como pionero de pentecostés a Puerto Rico, y eran los tres que estaban allí predicando el evangelio. Recuerdo que cuando ellos predicaron, anunciaron y cantaron; el primer himno que yo pude oír fue: "Predicamos la verdad/ protestamos contra el mal/ rechazamos la doctrina del error/ sólo Jesucristo salva y guarda al pecador". ¡Qué diferente verdad, predicando el evangelio vivo! ¡Gloria sea el nombre de Dios! ¡Oh que diferente a aquello que había oído toda mi vida! Antes, sólo ritos, ceremonias, confesión a los hombres y nunca tenía una seguridad de mi salvación; me enseñaban era que un día cuando muriera iría a un purgatorio.

Recuerdo muy bien ahora, bendito sea el Señor para siempre, que -cuando el servicio se terminó en la calle- fuimos hasta la casa donde habían de dar los servicios, la casa del hermano Feliciano y su esposa. Cuando oí hablar el predicador, que era Juan Lugo, dijo que tenía a su mamá en California y que estaba muy lejos de ella en Ponce, Puerto Rico, donde el Señor le había llamado a traer el mensaje del pentecostés. Él decía: "Si mi mamá parte con el Señor, mientras yo esté tan lejos de ella, sé que aquí en la tierra no le veré más, pero le veré en el reino de los cielos cuando yo vaya para estar con ella para siempre". Pensé en la enseñanza que había tenido del purgatorio; me habían enseñado que cuando uno muere, luego por medio de los rezos y las ceremonias era librado del purgatorio. Me dije, pero que diferencia la creencia de esta gente; ellos creen que inmediatamente que uno muere va a el cielo para estar para siempre con el Señor. ¡Tan diferente que yo he sido enseñada!

Yo estaba -afuera en la puerta, oyendo el evangelio- cuando me dijeron: "Entre"; y en respuesta a la invitación entré. Pero me dije: "no puedo; nunca se me ha permitido que esté en un lugar donde se está predicando esta religión. Está prohibido".

Y, aunque ya tenía la decisión de seguir al Señor, todavía estaba un poco temerosa; recuerdo que salí de allí sonriendo y regresé al hogar donde estaba hospedada. Mi habitación era el segundo cuarto; allí me tiré en la cama, rendida por completo y como en un éxtasis volví otra vez a la visión que tuve primero. En la visión volví a ver al Buen Pastor que me ofreció su compañía, la seguridad de que estaría conmigo para siempre, que me haría pescadora de almas y que me daría la oportunidad, como había tenido en el sueño, de llevar la eucaristía y comunión a los enfermos; así simbólicamente él permitiría que llevara este evangelio glorioso a aquellos que estaban hambrientos y sedientos del pan y del agua de vida.

¡Gracias le doy a Dios porque esa noche mi vida fue completamente cambiada! Solamente con lágrimas decía: "¡Es imposible! Tengo una familia que no me ha de permitir que pueda hacer esta clase de labor para la que el Señor me invita en esta noche"; pero él me dijo: "No temas, no temas hija mía yo soy el Buen Pastor y el Buen Pastor que dio su vida por las ovejas. Si me sigues, sirves y haces mi voluntad, completamente, yo seré contigo todos los días de tu vida hasta el fin." Así que gracias le doy a él que pude comprender el mensaje. El Espíritu Santo me hizo ver que el mensaje era una realidad para mí y lo acepté con todo mi corazón. ¡Qué bueno que no tan sólo mi alma fue salvada, sino también, gracias a él, para siempre fui sanada en mi cuerpo!

Cuando volví a mi estado natural, estaba sana y no sentí enfermedad alguna. ¡Gracias a Dios que no tan sólo es el Salvador de nuestras almas, sino también el Sanador de nuestros cuerpos! Le indico a cualquiera que esté enfermo que venga a él, porque él no tan sólo ofrece salvación, sino también sanidad para el cuerpo. Él dice: "Yo soy Jehová tu sanador". El sana todas tus dolencias y perdona todos tus pecados. ¡Qué bueno, verdad, que diferente es aceptar a Cristo a ser religioso solamente! Gracias a Dios por lo que pude comprender en esa noche gloriosa para mí y que jamás he olvidado en todos mis años. ¡Bendito sea él por todos los siglos!

Le doy gracias al Señor porque fui de nuevo a la iglesia; fui al salón que ellos abrieron; en esos días buscaron un salón para formar lo que vendría a ser la iglesia. Gracias a Dios que pude ir ya sanada de mi cuerpo y salvada de mi alma. Pero, en obediencia a la palabra de Dios, cuando hicieron la invitación fui y públicamente acepté a Cristo como el Salvador de mi alma y como el Sanador de mi cuerpo. Cuando oí hablar del pentecostés tan glorioso -que fue derramado el Día de Pentecostés, allá en Jerusalén, donde aquel grupo de personas y discípulos fueron todos llenos del Espíritu Santo y hablaron en diferentes lenguas- doy gracias a Dios, porque al tercer día de estar reunida con ellos, también ese Espíritu Santo fue derramado en mi vida. ¡Qué experiencia gloriosa, cuando recibí lo que llamamos la promesa del Espíritu Santo! Esa noche la promesa fue hecha y cumplida en mí y fui bautizada con el Espíritu Santo.

Paso algún tiempo y empecé a tener actividades en la iglesia; todo lo que se me ordenaba hacer yo lo acepaba. Recuerdo que mi madre vino un día a visitarme; había oído decir que su hija se había vuelto loca. Pero gracias al Señor que cuando ella entró a la iglesia, con la señora con quien yo estaba hospedada, se sentó en la parte de atrás. Ella entró para levantarme si era posible y sacarme del culto; pero allí yo estaba llena del Espíritu Santo, hablando en nuevas lenguas, y con mis ojos cerrados, hablé a mi madre y le dije: "Mira yo he conocido algo muy poderoso, el Señor me ha salvado, me ha sanado mi cuerpo y también me ha bautizado con el Espíritu Santo". Mi madre con lágrimas en los ojos dijo: "Si mi hija, lo comprendo; quédate que estás en un buen lugar". ¡Bendito sea, qué bueno es el Señor! Qué bueno que el mismo Espíritu Santo convenció a mi madre de que era una realidad lo que yo había recibido; no era asunto de hombres, pero era el Espíritu de Dios obrando en mi vida. Gracias le doy a Dios porque ella me dejó en la casa donde estaba y allí permanecí. En el mes de julio, pasados seis meses, ya estaba activa en la iglesia, haciendo todo trabajo que venía a mis manos hacer. ¡Bendito sea el Señor!

Contraje matrimonio, después de saber que era la voluntad de Dios, con aquel que me había anunciado las benditas nuevas y públicamente había aceptado a Cristo. Entonces vine a ser su esposa y libremente pude trabajar en la obra de Dios, que como lo llamo a él, también, me había llamado a mí. Oh gracias al Señor que el ángel me dijo: "Te haré pescadora de hombres". ¡Qué bueno que tuve el privilegio de ayudar a mi esposo hacer el trabajo! Qué bueno que pude ayudarle como una ayuda idónea; pude hablar a las almas y vi almas salvadas por medio de mi testimonio, por medio de mi vida, ya que había sido una joven, que siempre fui religiosa, pero que ahora no era de labios, era de acción. Estaba buscando las ovejas perdidas y trayéndolas al redil.

Gracias le doy al Señor, porque fueron muchas las almas rescatadas; estaba buscando las ovejas perdidas y trayéndolas al redil. Gracias le doy al Señor, porque fueron muchas las almas, que unida al hermano Lugo, Dios me dio también a mí, como su ayuda idónea. ¡Gracias Padre Santo, por la obra que hiciste, porque yo no lo merecía, pero fue por tu grande amor que me mostraste, dando tu vida allá en la cruz del Calvario por mí!

Gracias le doy al Señor por todos mis años de casada; tuve 67 años de casada y, en todos estos años, traté siempre de ser una esposa idónea en todo aquello que mi esposo no podía hacer y yo podía hacerlo; trataba de ayudarlo en la obra de Dios. Gracias al Señor, gracias porque cumplió en mi la promesa que me hizo y ahora cuando mi edad es avanzada y estoy sola, sin esposo, todavía estoy en la vida haciendo aquello que está a mi alcance. Gracias a Dios que tengo 90 años y 11 meses y días. Ya pronto, en febrero, tendré 91 años y siempre me siento con el mismo ardor, con el mismo fervor, en la misma resolución que hice en aquella noche, cuando dije que si al ángel, para servirle todos los días de mi vida. Aquí estoy esperando hasta el momento cuando el señor quiera llamarme para oír las mismas palabras que oí cuando llamo a mi esposo: "Entra Juan L Lugo a tu hogar". ¡Qué yo pueda oír las mismas palabras que él oyó de entrar a su hogar, donde el ángel de Dios estaba esperándolo en la puerta! Esa es mi esperanza; esa debe ser la esperanza de todo aquel que venga a él con un corazón contrito y humillado. ¡Oh gloria sea el nombre del Señor!

Mi consejo es que todos aquellos que oyen este glorioso evangelio, no endurezcan su corazón, acepten a Cristo como el rey de la gloria y el señor de señores. Porque él va venir otra vez. Él dijo: "Así como me voy, me habéis visto ir, así vendré otra vez y os tomaré a mí mismo, para que donde yo estoy vosotros también estéis". Esa es la promesa gloriosa que tenemos los hijos de Dios; no ir a un purgatorio para que se hagan rezos para salir y algún día ir al Señor. ¡No! Una vez que partimos, gloria sea el Señor, vamos a él y tenemos la promesa que nuestros cuerpos que estarán en el sepulcro, vendrán y serán transformados y entonces seremos arrebatados para estar con el Señor para siempre. ¡Qué gloriosa esperanza, que gloriosa esperanza para aquellos que hemos venido a Cristo y lo hemos aceptado como nuestro salvador!

Mi oración y mi consejo es que, si en esta hora oyeres la voz del Señor, por algún testimonio, por una predicación, por sueño, por revelación, por la Palabra, que a veces nos habla, acéptala no endurezcas tu corazón y recibirás esta misma experiencia de la que te hablo en este día glorioso.

¡Dios les bendiga, Dios les guarde y el Señor permita que podáis tener la misma esperanza que yo para siempre! ¡Amen!

Anejo B: El legado de Juan L. Lugo[186]

El Legado de Juan L. Lugo:

el Pentecostalismo puertorriqueño

por Benjamín Alicea Lugo, Ph.D

(Este artículo fue publicado originalmente en Inglés en la edición de Junio del 2012 de la revista "Heritage" de las Asambleas de Dios)

Juan León Lugo[1] dejó su Puerto Rico natal en 1900, siendo apenas un jovencito católico de diez años, y regresó, en 1916, a la edad de 26 años, como un misionero y ministro ordenado de la recién organizada Asambleas de Dios. [2] Su viaje misionero para llevar el mensaje del Pentecostalismo a su tierra natal le tomó casi 7.000 millas – desde Hawái a California y de St. Louis a Nueva York, concluyendo en la pequeña y remota isla del Ca-

186 Artículo del doctor Benjamin Alicea-Lugo, reproducido en su totalidad con la autorización de su autor.

ribe, Puerto Rico. Su destino fue Ponce, también conocido como "La Ciudad de los Leones". Resulta interesante que un joven de nombre León se convirtiera en el primer predicador del Pentecostalismo en Ponce, Puerto Rico.

El Legado de Lugo

Durante sus veinticinco años de ministerio en las Asambleas de Dios, Juan Lugo no solo fue responsable de la importación del pentecostalismo a Puerto Rico, sino también de la exportación de un pentecostalismo puertorriqueño, contextualizado y autóctono, que ha influido al pentecostalismo hispano en muchos lugares fuera de Puerto Rico. Los patrones eclesiásticos que estableció y las convicciones que formuló[3] continúan siendo la norma en muchas comunidades pentecostales en Puerto Rico, el Caribe, América Latina, América Central y en las comunidades de habla hispana de Estados Unidos. Aunque no trabajó solo,[4] el consenso es que Lugo realizó un papel fundamental y apostólico en la siembra, el desarrollo y la exportación del pentecostalismo puertorriqueño.[5]

Los pentecostales puertorriqueños lo consideran el pionero del movimiento pentecostal en la Isla y la razón principal por la que el mensaje pentecostal llegó tan pronto – después del avivamiento de la Calle Azusa – de California, a Hawái, y finalmente, a Puerto Rico. El historiador Carmelo Álvarez afirma: "Desde estos humildes comienzos, la pequeña isla de Puerto Rico se convirtió en una potencia Pentecostal, exportando evangelistas a toda América Latina." [6] Lugo fue un pionero como ministro y misionero de las Asambleas de Dios, y su influencia también alcanzó otras de las principales denominaciones pentecostales en Puerto Rico.[7]

Con este artículo se exploran los primeros años de vida y ministerio de Lugo, incluyendo: su llamado, sus viajes misioneros, su ministerio pentecostal inicial en la Isla y, por último, los elementos perdurables de su legado, con los que se ha ganado el respeto y la admiración de la nación puertorriqueña.

Vida religiosa en Puerto Rico

Puerto Rico sufrió importantes cambios sociopolíticos y religiosos a comienzos del siglo XX. La Isla, descubierta por Colón en 1493, continuó en posesión española durante más de 400 años. La Iglesia Católica llegó con los conquistadores y el catolicismo tuvo el derecho exclusivo de evangelización. Sin embargo, el escenario cambió en 1898 cuando España cedió Puerto Rico, las Filipinas y Cuba a Estados Unidos. Entonces, Puerto Rico pasó a estar bajo el control de Estados Unidos mediante el Tratado de París, firmado el 10 de diciembre de 1898. Los puertorriqueños han sido ciudadanos de Estados Unidos desde 1917. Estados Unidos tomó posesión de una isla de casi un millón de habitantes, con una tasa de analfabetismo de un 87%. Puerto Rico tenía una pequeña clase alta educada, una clase media casi inexistente y una gran población de mestizos. [8] Los puertorriqueños recibieron a los americanos con la esperanza de que las condiciones mejorarían significativamente para su bienestar. [9] A grandes trazos, este fue el Puerto Rico que Lugo conoció en su niñez.

La vida religiosa en Puerto Rico cambió al convertirse en un territorio de Estados Unidos. La Iglesia Católica, que había disfrutado de su estatus privilegiado como religión oficial del estado, tuvo que adaptarse a ser una entre otras muchas. Cientos de clérigos de la Iglesia Católica, ya no asalariados, regresaron a España y fueron reemplazados por sacerdotes estadounidenses de ascendencia irlandesa. La falta de clero nativo hizo que la Iglesia Católica tuviera dificultades para cubrir las necesidades de sus seguidores durante la temporada de cambio sociopolítico.

Las Iglesias Evangélicas estadounidenses comenzaron a enviar un número significativo de misioneros a Puerto Rico. Así, la actividad misionera protestante llegó con la soberanía estadounidense sobre la Isla. En un "Acuerdo de Reciprocidad", las iglesias Evangélicas estadounidense dividieron el campo misionero de Puerto Rico entre cuatro y, posteriormente, en nueve denominaciones protestantes: la Presbiteriana, la Bautista Americana, la Congregacional, la Metodista Episcopal, los Discípulos de Cristo, la Alianza Cristiana y Misionera, los Hermanos Unidos en Cristo, la Iglesia Cristiana de los Estados Unidos y la Iglesia Evangélica Luterana en Norte América.[10]

Mediante el "Acuerdo de Reciprocidad", se le reconoció a cada denominación un territorio exclusivo. Así, a la primera denominación que entrara en un campo (pueblo o aldea), se le reconocía el derecho exclusivo de evangelizar en dicha zona, con la excepción de las dos áreas metropolitanas principales (San Juan y Ponce) que estaban abiertas a todas las denominaciones. De esta forma, esperaban minimizar la fricción y la competencia que caracterizó la actividad misionera del siglo XIX , y "buscar la mayor economía de las operaciones y, más que todo, enfatizar en la gente de Porto Rico la armonía y la unidad esencial de nuestro cristianismo en común."[11]

La Iglesia Episcopal, aunque formalmente no participó del "Acuerdo de Reciprocidad", asumió la responsabilidad de las iglesias Anglicanas en Ponce y Vieques;[12] y comenzó una actividad misionera adicional. [13] Probablemente, el jovencito Lugo y su familia no tuvieron contacto con la Iglesia Protestante naciente en Puerto Rico. Sin embargo, cuando regresó a la Isla, se encontró con el testimonio de una iglesia Protestante que maduraba y crecía, aun sin la experiencia pentecostal.

La Juventud de Juan L. Lugo

Juan León Lugo nació en Yauco, Puerto Rico, el 26 de octubre de 1890. En 1900, cuando Lugo tenía 10 años de edad, su madre, Juana, él y sus dos hermanas partieron de Puerto Rico. Navegaron hasta Hawái, en busca de empleo y mejores oportunidades económicas. No estaban solos. Igualmente, miles de puertorriqueños salieron de su patria debido a la depresión económica, que fue el resultado de los cambios políticos, de la devastación causada por un huracán en 1899 y de las pobres condiciones de la industria azucarera y de exportación del café. Para ese entonces, la industria azucarera hawaiana estaba reclutando trabajadores de todo el mundo y los reclutadores prometían un viaje cómodo y buenos empleos al llegar a Hawái. En su autobiografía, Lugo comenta que su madre estaba inquieta con el traslado, que hizo de ella una peregrina y una extraña en una tierra extranjera.[14]

Para el joven Juan Lugo, parecía una gran aventura. Pensaba que allí podría experimentar la vida que no le pudieron ofrecer en Puerto Rico. El viaje y los años que siguieron en Hawái resultaron difíciles. Una de las hermanas de Lugo murió durante el viaje. Una vez en Hawái, Juana trabajaba largas horas como empleada doméstica, por un salario de diez dólares ($10) por semana para mantener a Juan y a su otra hija, mientras estos recibían una educación pública.

En 1913, después de trece años de trabajo y de una vida difícil en Hawái, la madre de Lugo tuvo contacto con misioneros pentecostales que se dirigían a Japón y a China. Los misioneros volvían del avivamiento interracial de la Calle Azusa en Los Ángeles – un punto focal en el emergente movimiento pentecostal. Estos misioneros vieron la oportunidad de sembrar la semilla del pentecostalismo en la vida de los obreros puertorriqueños. [15] Juana fue receptiva al mensaje pentecostal, aceptó a Cristo e, inmediatamente, le contó a su hijo Juan sobre su descubrimiento espiritual. Ella le escribió a Juan, con emoción, que finalmente había encontrado la alegría que tanto anhelaba cuando salió de Puerto Rico.

Inicialmente, Lugo ignoró el testimonio de su madre, pero ella continuó persuadiéndolo. Cuando Lugo visitó a su madre, quedó impresionado por los cambios que vio en ella. Juana había sido una fumadora crónica, pero después de su conversión dejó de fumar y su semblante había cambiado. Ella cantaba y alababa a Dios con alegría mientras cocinaba y realizaba las tareas del hogar. La madre de Juan era otra mujer, y ella lo atribuía a su experiencia pentecostal.[16]

En su autobiografía, Lugo relata que un amigo - Abad Vélez - no sabía leer y le pidió que le leyera el Evangelio del Apóstol Juan. Lugo aceptó con renuencia, pero esto se convirtió en una actividad diaria durante el almuerzo. Un día, Lugo sintió algo "extraño en su ser" mientras leía Juan 5:24: "De cierto, de cierto, os digo: El que oye mi palabra y cree al que me ha enviado, tiene vida eterna; y no vendrá a condenación, más pasó de muerte a vida."

Ese mismo día, el 13 de junio de 1913, escribió: "Entregué mi vida al Salvador y puse mi vida a los pies del Señor." [17] Poco después, Lugo fue bautizado en agua y lleno del Espíritu Santo, con la evidencia inicial de hablar en lenguas. Fue entonces cuando Lugo recibió un llamado al ministerio.[18]

El pastor de Lugo, Francisco Ortiz, anunció que él y su hijo, Francisco Ortiz, Jr. (Panchito), tenían previsto trasladarse a San Francisco. Lugo decidió seguirlos y cruzar el océano. El 9 de noviembre de 1913, Lugo se despidió de su Iglesia madre en Oahu y viajó con la familia Ortiz a San Francisco. En su autobiografía, Lugo relata sus primeras experiencias ministeriales en San Francisco, Oakland, San José, Castroville y Los Ángeles, California. Su traslado de Hawái a las principales zonas urbanas en California, le proveyeron el ambiente que necesitaba para su formación y madurez ministerial, y para el perfeccionamiento de las herramientas que necesitaría para la evangelización y el establecimiento de iglesias en el campo misionero.[19]

Ortiz fue el mentor de su hijo y de Juan Lugo para el ministerio. Padre e hijo habían sido ordenados en Hawái, el 15 de noviembre de 1911, por el misionero pentecostal Thomas Anderson (Panchito apenas contaba con 15 años de edad cuando fue ordenado al ministerio). Sus credenciales fueron transferidas a las Asambleas de Dios a principios de 1916. El anciano Ortiz alentó a Lugo para que solicitara sus credenciales y fuera ordenado por la recién formada Asambleas de Dios, el 30 de enero de 1916.[20]

En la preparación para su ordenación, Panchito y Lugo viajaron a Santa Rosa, California, donde estudiaron en una escuela bíblica bajo la tutela de Elsie Johnson, una misionera de las Asambleas de Dios en México. George y Carrie Judd Montgomery también fueron mentores de Lugo y lo instruyeron en las Escrituras. Los Montgomery eran una adinerada pareja pentecostal de Oakland, California, que operaban una casa de retiro para misioneros conocida como la "Casa de Paz", y que también publicaban la revista de amplia distribución, Triunfos de Fe (Triumphs of Faith).[21]

Después, Lugo y Panchito viajaron a Los Ángeles, donde hicieron contacto con el Templo Bethel (Bethel Temple), una prominente congregación de las Asambleas de Dios, pastoreada por George Eldridge. [22].El Templo Bethel resultó ser el catalizador para el regreso de Lugo a Puerto Rico. La congregación le ayudó económica y emocionalmente para cruzar los Estados Unidos y abrir nuevos campos misioneros. Más tarde, Lugo recordó que, en un servicio de juventud durante una visita al Templo Bethel, había compartido públicamente que tenía un llamado para llevar el Evangelio a Puerto Rico. La presidenta del grupo de jóvenes, Hulda Needham, se acercó a Lugo y le dijo que orarían por él y por su llamado para regresar a su tierra natal.

Lugo regresó el miércoles siguiente al servicio de la juventud y un hombre le dijo: "Hermano, en la reunión de oración del sábado por la noche, hubo un mensaje en lenguas. Dios nos dio la interpretación y nos ordenó que te enviáramos inmediatamente al campo misionero." La juventud del Templo Bethel fue más allá y le proporcionaron los medios económicos para su viaje. El hombre le dijo a Lugo: "Ya hemos asignado los fondos, así que puedes partir cuando estés listo." [23] Esas palabras de confianza y de apoyo sorprendieron a Lugo, pues la juventud de Bethel apenas le conocía. Lugo recibió este mensaje como la Palabra del Señor que él debía obedecer. El 17 de agosto de 1916, Lugo dejó Los Ángeles rumbo a Puerto Rico, con el dinero que necesitaba para su viaje.[24]

En su trayecto a Puerto Rico, realizó varias paradas importantes. Viajó al norte, a San José, para despedirse de su hermana Carmela y de su hermanastra Ángela, quienes también habían llegado de Hawái a California. Luego regresó a Los Ángeles y la juventud del Templo Bethel lo escoltó a la estación del tren donde comenzó su viaje. Se detuvo en St. Louis, la sede de las Asambleas de Dios, y se reunió con J. Roswell Flowers, el Secretario fundador de las Asambleas. Comenta Lugo que, "El me animó mucho en mi misión. Salí de su oficina sintiéndome más determinado y gozoso del trabajo que Dios me había encomendado."[25]

Eventualmente, Lugo llegó a la ciudad de Nueva York y se hospedó en la casa misionera operada por el Tabernáculo Buenas Nuevas (Glad Tidings Tabernacle), una gran congregación pastoreada por Robert y Marie Brown. Allí conoció a Robert Jamieson, un misionero pentecostal canadiense que realizaba trabajo misionero en las Islas Vírgenes. Los reportes de Jamieson sobre el campo misionero en las Islas Vírgenes, le revelaron a Lugo que esperara grandes cosas.

Además, Jamieson le dio a Lugo el nombre y la dirección de la hermana Michael, una mujer convertida bajo el ministerio de Jamieson, quien vivía en Santurce, Puerto Rico. Este contacto resultó inesperado, pues a la llegada de Lugo a Puerto Rico, ella le abrió las puertas de su hogar y se convirtió en una gran amiga y contribuyente de su ministerio. En cada parada de su viaje desde Los Ángeles a Ponce, Puerto Rico, Lugo recibió la confirmación de su llamado, lo que animó a este misionero en potencia.

Cuando Lugo y su familia salieron de Puerto Rico en busca de una mejor vida, jamás pensó que regresaría con un llamado a predicar un mensaje que no había escuchado antes en Puerto Rico. En resumen, la emigración de Lugo a Hawái le proporcionó el contexto para recibir el mensaje pentecostal y el reenfoque de su vida hacia el trabajo misionero en su tierra natal. Lugo fue formado en el ministerio por Francisco Ortiz, su pastor en Hawái y en California, y ganó experiencia en las iglesias y las misiones donde asistió y sirvió durante sus dos años en California. Estas experiencias formativas en Hawái y en California le enseñaron a evangelizar y discipular a aquellos que respondian al evangelio de Cristo. Además, aprendió a organizar y a fomentar el crecimiento de las congregaciones locales, perfeccionó sus destrezas para hablar en público y también tuvo la experiencia de trabajar con congregaciones de habla inglesa y de habla española.

Un Huracán Espiritual

Los efectos del regreso de Juan León Lugo a Puerto Rico en 1916 podrían compararse a un huracán. Parece que Dios obraba a través del ministerio de Lugo como una tormenta tropical, con vientos crecientes que afectaban a todos en su camino. Las Iglesias Protestantes no lo esperaban. La Iglesia Católica consideró a Lugo como un protestante híbrido, que no entendían. Sin embargo, Lugo llegó con fuerza y con un mandato espiritual claro. Otro misionero de las Asambleas de Dios a Puerto Rico, Frank Finkenbinder, recuerda lo siguiente:

> Entre los pioneros, quizás fue el hermano Lugo quien predicó con más fuego y poder. Donde predicaba, las multitudes lo seguían. Algunos pastores evangélicos lo envidiaban y buscaron la forma de hacerlo salir de Puerto Rico. Se ofrecieron a ayudarlo a viajar a la República Dominicana. Le ofrecieron pagarle el pasaje e, incluso, se ofrecieron a proporcionarle una casa, y le decían que había más necesidad en la República Dominicana. Sin embargo, el hermano Lugo permaneció fiel a su llamado en Puerto Rico y se negó cortésmente.[26]

Lugo se reunió con un funcionario del gobierno de Puerto Rico y recibió la autorización verbal para predicar en las esquinas de las calles y en las plazas. En resumidas cuentas, recibió la autorización civil para hacer lo que él había venido a hacer: predicar ¡Pentecostés!

El primer servicio que dio en la calle fue en Santurce, en la esquina de la Parada 18 ½ y la Calle Figueroa (cerca de la casa de la hermana Michael). [27] La predicación en la calle se convirtió en la estrategia del evangelismo pentecostal en Puerto Rico. Los predicadores comenzaban a evangelizar al aire libre, atraían a una multitud y luego se trasladaban al interior de un hogar con los que respondían al mensaje. Este movimiento al interior creaba un ambiente más íntimo para el discipulado y la búsqueda del Espíritu Santo ("la promesa del Espíritu Santo").

Aunque Lugo era dinámico, elocuente e implacable, el resultado del primer evento fue desalentador. Como él recuerda, "Comencé solo, y terminé solo". [28] Después de unas cuantas noches desalentadoras, un grupo de cristianos de Saint Thomas, Islas Vírgenes, que perseveraban en una tienda cercana, se convirtieron en asistentes diarios a los cultos en la calle.

Le pidieron a Lugo que visitara su iglesia y que les predicara el mensaje pentecostal en inglés. Durante veinticuatro días, Lugo predicó en español en la misma esquina, acompañado por estos cristianos y, posteriormente, estos regresaban a la tienda para estudiar y orar. La concurrencia de la gente en la esquina crecía en número cada noche. Lugo se sentía conforme con este creciente ministerio en Santurce, pero sabía que su llamado era en Ponce, en el sur de Puerto Rico. La necesidad era grande en Santurce y la comunidad respondió; pero Lugo sentía que tenía que seguir su viaje a Ponce. Se detuvo brevemente en Yauco, su ciudad natal,[29] para reunirse con su hermana y otros familiares que no había visto desde hacía 16 años, y luego viajó varias millas hasta su destino: Ponce.[30]

Lugo llegó a Ponce el 3 de noviembre de 1916. Allí se reunió con la hermana Lucena, a quien Lugo había conocido en California. Esta le sorprendió con la noticia de que Salomón Feliciano, un amigo puertorriqueño que vivía en Hawái, había llegado el día anterior. Feliciano, así como lo había hecho Lugo, había experimentado el bautismo del Espíritu Santo en junio de 1913. Esa noche, Lugo y Feliciano se reunieron con otra creyente, la hermana Dionisia, y celebraron el primer culto en una calle de Ponce. Cuando terminó el servicio, Feliciano preguntó si alguien deseaba abrir las puertas de su casa para continuar el servicio. Una pareja ofreció su casa y un grupo de asistentes aceptaron la invitación para continuar la reunión en la casa. En ese primer servicio del sábado por la noche, que duró hasta las 2:00 a.m., ¡once personas aceptaron a Cristo, incluyendo los propietarios de la casa![31]

Este fue el comienzo de un avivamiento en Ponce y en la región circundante, que parecía como un huracán espiritual. A pesar de la oposición de otras denominaciones, de la interferencia y de la presión gubernamental, de la hostilidad abierta y el cinismo público, Juan Lugo y sus colaboradores ministeriales bautizaron a sus primeros nueve conversos. El servicio de bautismos se celebró en el barrio Los Meros, en la costa de Ponce.

Francisco D. Ortiz, y Panchito Ortiz, el padre y el hijo que trabajaron con Lugo en California, llegaron a Ponce y se unieron a los esfuerzos de evangelización, junto con Salomón Feliciano y Lucero Lucena. Desde Ponce, se movían en diferentes direcciones, en respuesta a las solicitudes de nuevos conversos y creyentes llenos del Espíritu Santo, para que predicadores y pastores les ayudaran a difundir el mensaje. Los vientos de Pentecostés soplaron a lo largo de toda la zona sur de la Isla.

Ya para 1920, en tan solo tres años, se habían establecido diferentes puntos de predicación y de capillas pentecostales en la Playa de Ponce, Monte Llanos, Ponce, San Antón, Nuevo Bélgica, Playa de Mayagüez, Esperanza de Arecibo, Tíbet y Galicia de Juana Díaz, Pasales de Utuado, París de Lajas, Aibonito de Hatillo, Islote, Pastales y Don Alonso.

Durante su primer año de ministerio en Ponce, Lugo hizo un descubrimiento que cambió su vida. Conoció a una joven mujer, Isabel Ortiz, formada en un hogar católico romano temeroso de Dios y que había aceptado a Cristo durante uno de sus cultos. Lugo e Isabel se casaron el 29 de julio de 1917. Isabel provenía de una familia pudiente de Ponce y su padre era un respetado médico, el Dr. Manuel Zavala. A Lugo le encantaba contar la historia de cuando la madre de Isabel llegó a un culto pentecostal con la intención de convencer a su hija para que abandonara a los pentecostales. Sin embargo, una vez allí, cambió de opinión. Profundamente impresionada por el culto pentecostal sincero y expresivo, le dijo a Isabel que no veía nada malo en su decisión de unirse a los pentecostales, y le respaldó en su conversión. [32] La hermana Isabelita, como cariñosamente la llamaban, fue amante esposa y ama de casa, y sirvió en la congregación como consejera, maestra, respetada líder cristiana y colaboradora de Lugo durante su ministerio en

Puerto Rico, en Nueva York y en otros lugares de Estados Unidos, a donde viajó. Ella fue una de las primeras maestras del Instituto Bíblico Mizpa - fundado por su esposo en 1937, como la primera escuela teológica pentecostal en la Isla. Isabelita fue una esposa de pastor ejemplar, en una denominación que estaba constituida principalmente por familias pastorales jóvenes que se beneficiaron de su madurez, perspicacia y ejemplo. El historiador puertorriqueño Roberto Domínguez comentó lo siguiente acerca de ésta "distinguida dama":

Esta singular obrera de Dios ha sido una "madre en Israel". Además de sus responsabilidades domésticas, realizó visitas a los hogares, coordinó las organizaciones de mujeres y preparó programas. En realidad, ella era el poder detrás del trono, para expresarlo tal como fue. Es imposible imaginarse a Juan L. Lugo separado de Isabelita Lugo. Juntos planificaban y decidían, después de haber buscado el trono de Dios pidiendo sabiduría. Isabel fue una compañera fiel y digna, la consejera en tiempos de aflicción. [33]

En cuatro años, la Iglesia Pentecostal de Puerto Rico creció en número y en influencia, y se vio en la necesidad de una organización institucional. Del 1 al 6 de septiembre de 1920, se celebró la primera reunión de la Iglesia Pentecostal recién formada. Asistieron 27 misioneros, pastores y delegados. En la reunión inicial, se contabilizaron 600 miembros, 6 misioneros (5 nativos), 2 ministros ordenados, 8 predicadores locales, 6 capillas y 11 congregaciones. Allí, los delegados eligieron a Lugo como Presidente y a Feliciano y a Panchito como Presbíteros.[34]

En octubre de 1921, Henry C. Ball, el Superintendente de la obra hispana para las Asambleas de Dios, vino a inspeccionar la obra de la nueva iglesia pentecostal puertorriqueña. Ball quedó impresionado favorablemente con la creciente Iglesia. En un artículo del Pentecostal Evangel (Evangelio Pentecostal) informó:

Cuando llegué, encontré un culto pentecostal en progreso, con el salón lleno y a su máxima capacidad. ¡Cómo disfruté esa noche! Los puertorriqueños saben cantar y ponen todo su corazón en ello. Y puedes testificar sobre cómo cantan. Encontré que los puertorriqueños aceptan muy bien el Evangelio completo. De hecho, yo diría que, al parecer, toda la Isla tiene hambre de Dios.[35]

Del 4 al 7 de noviembre de 1921, los delegados de toda la Isla se reunieron y, con el Rvdo. Ball presente, se les reconoció formalmente como Asambleas de Dios. Las actas de dicha reunión recogen que esta fue la "Primera Conferencia Anual de las Asambleas de Dios en Puerto Rico". Los delegados eligieron a Lugo como el primer Presidente y a Panchito como Secretario. El otro asunto pendiente que se resolvió en esta reunión nacional fue el nombre de la Iglesia Pentecostal en Puerto Rico. El Gobierno no aprobaría la incorporación legal de un organismo cuyo nombre incluyera la palabra "Asamblea", aparentemente para evitar confusión con alguna institución política. Por lo tanto, la organización se conoció como la Iglesia de Dios Pentecostal, y operó como el Consejo de Distrito de Puerto Rico de las Asambleas de Dios.[36]

Exportación del Pentecostalismo al Continente Norteamericano

Lugo comenzó la exportación del pentecostalismo puertorriqueño al Continente norteamericano en 1920, cuando realizó varios viajes a Estados Unidos. Viajaba para mantener la amistad con la congregación del Templo Bethel en Los Ángeles, y para tomar un descanso de la ardua tarea que había supuesto fundar la Iglesia de Dios Pentecostal. Lugo llegó a Estados Unidos a través de la ciudad de Nueva York, y visitó a los puertorriqueños que habían sido parte de la Iglesia de Dios Pentecostal en la Isla.

En 1928, Lugo envió a Tomás Álvarez a Nueva York para abrir una obra entre los puertorriqueños que se habían asentado en la sección de Greenpoint en Brooklyn. Esta fue una de las primeras obras conocidas de habla hispana de la Iglesia Pentecostal, en la Ciudad de Nueva York. En 1931, quince años después del regreso de Lugo a su patria, la obra de las Asambleas de Dios que este dirigió había crecido hasta alcanzar 37 iglesias organizadas. Sintió, entonces, que su presencia en Puerto Rico ya no era necesaria y fijó su mirada en las comunidades de habla hispana de Nueva York y en otros lugares de Estados Unidos.[37]

En 1931, Álvarez regresó a Puerto Rico y Lugo y su familia se mudaron a Greenpoint para pastorear la pequeña congregación de Brooklyn. Lugo vio la necesidad de abrir una nueva iglesia en East Harlem (conocido como "El Barrio"), donde muchos puertorriqueños habían comenzado a asentarse. Así, dejó la congregación de Greenpoint (Milton Donato sustituyó el ministerio pastoral de Lugo) y comenzó una nueva iglesia en la calle 104, en "El Barrio". Eventualmente, la iglesia se trasladó a la Calle 115 y adquirió una antigua sinagoga. La poderosa congregación, mejor conocida en "El Barrio" como "La Sinagoga," envió a misioneros a países de habla hispana y dio lugar al surgimiento del Instituto Bíblico Latinoamericano (1935) y al Distrito Hispano del Este de las Asambleas de Dios (1957).[38]

Instado por los líderes misioneros de las Asambleas de Dios, Lugo regresó a Puerto Rico en 1936 para establecer una escuela teológica que capacitara a nuevos ministros. El Instituto Bíblico Mizpa abrió sus puertas en octubre de 1937, con dieciséis estudiantes. Lugo seleccionó a Julia Valentine, una recién graduada del Instituto Bíblico Latinoamericano en California, y a Johnny Pérez, para que junto a él y a su esposa Isabel, sirvieran como instructores. Mizpa capacitó a las futuras generaciones de evangelistas, pastores, maestros y misioneros puertorriqueños. [39] A su regreso, una vez más, Lugo fue elegido como Superintendente de las Asambleas de Dios en Puerto Rico. Este intercambió posiciones con el anterior superintendente y misionero Frank Finkenbinder, quien se convirtió entonces en el pastor de La Sinagoga.[40]

Aspectos Perdurables del Legado de Lugo

Lugo fundó una iglesia puertorriqueña autóctona que alteró el panorama religioso y social puertorriqueño. La Iglesia respetó su inquebrantable manifestación y proclamación del característico mensaje pentecostal, incluso, cuando se enfrentó a la persecución y al ridículo. El Dr. Eldin Villafañe, erudito y ético social puertorriqueño de las Asambleas de Dios, resume el legado de Lugo así:

> El espíritu de Juan L. Lugo nos habla de compromiso total y de servicio sacrificado en la fundación de iglesias. Conoció de primera mano toda clase de oposición, ya fuera por parte de otros hispanos de creencias religiosas diferentes o por el racismo anglosajón y la insensibilidad de la fría metrópolis.[41]

Juan L. Lugo no fue meramente una figura histórica, inadvertidamente incluida en las páginas de los libros de historia. Fue mi abuelo, "mi abuelito". Lo recuerdo enseñando y viviendo lo que significa ser un cristiano pentecostal. Mi abuelo insistía en que un verdadero seguidor de Cristo no debe comprometer los valores pentecostales. Nos enseñó que la santidad es el estándar para el creyente lleno del Espíritu Santo y que sin esta, no podremos ver a Dios. Esta convicción alimentó el énfasis de la iglesia en las prácticas de santidad que definen la vestimenta, el comportamiento y las costumbres de los pentecostales puertorriqueños.

Lugo creía que la proclamación de la verdad, fundamentada en una lectura pentecostal de las Escrituras, era lo que la gente necesitaba escuchar y lo que les daría libertad. Sostenía, que ante la proclamación de la Palabra y la invitación a obedecerla, quienes respondían con un "sí" debían y serían llenos del Espíritu Santo, recibirían "la promesa del Espíritu Santo" y hablarían en lenguas, según les dirigiera el propio Espíritu.

Lugo animó a la Iglesia Pentecostal puertorriqueña a esperar lo milagroso, a recibir sanidad y liberación y a ver la manifestación del poder de Dios en cada creyente y en la vida corporativa de la iglesia. Dirigió a la iglesia a cumplir con su llamado fundamental — alcanzar a los perdidos y llevarlos a un encuentro de salvación en Jesucristo. Lugo y su esposa tipifican a los implacables y apasionados fundadores de iglesias - predicando, enseñando y capacitando a obreros para nuevos campos misioneros en vecindarios cercanos y en tierras extrañas donde se asentaban los puertorriqueños.

La firme convicción misional que llevó a Lugo desde Hawái a Ponce, fue el elemento clave para este y, así, le fue confirmado durante su ministerio. Con tenacidad, promovió la misión de la Iglesia y jugó un papel importante en su crecimiento y en su expansión en las comunidades de habla hispana. Muchos creen que el éxito de la Iglesia Pentecostal puertorriqueña— la cual creció y se desarrolló sobre bases sólidas, e, incluso, se extendió a Estados Unidos y a otros países de habla hispana - se debió, en parte, a la adopción de estos valores fundamentales de su pionero, Juan León Lugo. Lugo es un ascendiente común en la genealogía espiritual de miles de puertorriqueños pentecostales. Por ejemplo, Michael Valcárcel, Director de Small Groups (Grupos Pequeños) en el Centro Cristiano Bethel en Riverside, California, recientemente expresó: "Tu familia (Lugo) y su legado espiritual es también mi patrimonio espiritual". La familia de Michael en California traza su linaje espiritual hacia Lugo y a la efusión de los pentecostales en Puerto Rico en la década de los '30, hace ya cinco generaciones.[42]

El legado de Lugo se extiende más allá de su patria. Lugo es reconocido, junto con H. C. Ball, Alice Luce y Demetrio Bazán, como uno de los más prominentes pioneros de las Asambleas de Dios de habla hispana en Estados Unidos. Mientras estos últimos tres trabajaron principalmente entre los hispanos del Oeste de Estados Unidos, Lugo fue el pionero entre los hispanohablantes en Puerto Rico y en el Este de Estados Unidos.

Lugo y su familia se mudaron permanentemente a Nueva York en 1940, y continuaron fundando iglesias y desarrollando líderes para el crecimiento y la expansión de la Iglesia Pentecostal puertorriqueña. Lugo abrió una congregación pentecostal en el Este de Harlem, conocida como "La Iglesia Pentecostal de la Calle 112" y para 1950, Lugo y la congregación se unieron al Distrito Hispano del Este de la Iglesia de Dios (Cleveland, TN). En 1962, a la edad de 72 años, Lugo e Isabel se retiraron a Plattekill, Nueva York. Desde su retiro, Lugo colaboró en el establecimiento de la misión hispana de la Iglesia de Dios en Newburgh, Nueva York; hasta su muerte, el 30 de enero de 1984. Dos días antes de su morir, Juan, Isabel y su hija Elisa Lugo Alicea estaban juntos en el dormitorio de Lugo alabando a Dios y cantando himnos, cuando Juan tuvo una visión de la gloria celestial. Juan exclamó, "Veo que se abre una gran puerta en el cielo y desde adentro una multitud clama diciendo: ¡Bienvenido, entra Juan Lugo!". [43]

El Dr. Héctor Camacho Hernández, un teólogo y líder de la iglesia pentecostal puertorriqueña, quien conoció a Lugo como su pastor, maestro, mentor y consejero, ofreció la siguiente elegía de Juan L. Lugo:

A ti, oh hombre de Dios, que ungiste tantas cabezas, que dedicaste tantos templos, que iniciaste a tantos ministros, que fundaste tantas iglesias, que sufriste de tantas acciones deshonestas y que fuiste tan fiel al Señor de la cosecha; a usted, hombre de Dios, que ha entrado en la gloria eterna, te prometemos que continuaremos llevando tu mensaje y que seguiremos tu gran tarea misionera, que el poder que le ungió y que le usó con tanto poder no se pierda; que el mismo fuego se encienda en medio del pueblo de Dios, y que todos nosotros, los que le debemos tanto, continuemos por este camino rocoso y espinoso, sembrando el amor y la fe bendita del crucificado. Usted no ha muerto, porque mientras se predique el Evangelio, la semilla que usted sembró permanecerá viva y será un tributo perenne a su legado.[44]

La Iglesia Pentecostal puertorriqueña todavía venera a su hijo, Juan León Lugo, quien regresó a casa, desde Hawái, hace ya casi un siglo, con una perla de valor incalculable: el "evangelio completo". Aunque la iglesia que Lugo ayudó a fundar y a dirigir — la Iglesia de Dios Pentecostal, M.I. - cesó su afiliación con las Asambleas de Dios en 1957, esta aún continúa como la denominación pentecostal autóctona más grande de Puerto Rico.[45] Porque Lugo obedeció el llamado al campo misionero en "Borinquen" (un término indígena para Puerto Rico), se le recuerda como el "Apóstol de Pentecostés" para Puerto Rico.[46]

Benjamín Alicea-Lugo, nieto de Juan e Isabel Lugo, sirve como pastor de la Iglesia Evangélica Reformada San Pablo, en Perth Amboy, Nueva Jersey. Alicea obtuvo un doctorado en Historia de la Iglesia, del Seminario Teológico Unión, en Nueva York. Alicea se ha desempeñado, principalmente en el ámbito universitaria: fundador del ministerio estudiantil Seekers Christian Fellowships, en Nueva York; Catedrático y Decano del ETEP, del New Brunswick Theological Seminary; Oficial del Programa Hispano del Fund for Theological Education; Decano y Ejecutivo para el Seminario del Este de Bethel University; y Presidente de la Junta y Director Ejecutivo del Florida Center for the Americas.

Para información actualizada sobre el Legado de Lugo, acceda a Facebook.com/RevJuanLugo y RevJuanLugo.org.

[1] Juan León Lugo nació en Yauco, Puerto Rico el 26 de octubre de 1890. Es hijo de José Lugo y Juana Medina de Lugo. Su padre murió pocos meses después del nacimiento de Juan. Este tuvo tres hermanas. Lugo se casó con Isabel Ortiz Zavala en Ponce, Puerto Rico, el 29 de julio de 1917. Tuvieron dos hijos (Benjamín y John Jr.) y cuatro hijas (Pérsida, Elizabeth, Abigail y Hulda). Lugo murió el 30 de enero de 1984 en Newburgh, Nueva York.

[2] Certificado de ordenación para John León Lugo, 30 de enero de 1916, firmado por J. W. Welch y J. R. Flores, FPHC.

[3] Para ver ejemplos de reflexión teológica en estos temas, por pentecostales puertorriqueños: Eldin Villafañe, Spirit Without Borders: Pentecostalism in the Americas: A Profile and Paradigm of "Criollo" Pentecostalism in Hispanic Christian Thought at the Dawn of the 21st Century, ed. Alvin Padilla, Roberto Goizueta and Eldin Villafañe (Nashville: Abingdon Press, 2005), 176-183, 308-310; and Samuel Soliván, The Holy Spirit- Personalization and the Affirmation of Diversity: A Pentecostal Hispanic Perspective in Mestizo Christianity: Theology from the Latino Perspective, ed. Arturo J. Bañuelas (Maryknoll: Orbis Books, 1995), 50-65; and Elizabeth Conde-Frazier, Hispanic Protestant Spirituality in Mestizo Christianity: Theology from the Latino Perspective, ed. Arturo J. Bañuelas (Maryknoll: Orbis Books, 1995), 125-145.

[4]El historiador de la Iglesia de Dios Pentecostal, M.I., David Ramos Torres, proporciona una lista de "adalides

cristianos" (líderes cristianos) quienes trabajaron con Lugo en las primeras etapas de la Iglesia Pentecostal puertorriqueña. "Entre los más destacados están los siguientes: Juan L. Lugo, Salomón Feliciano, Aguedo Collazo, Francisco Ortíz, hijo; Delfín Montalvo, John Roberts, Lorenzo Lucena, Lena S. Howe, Helena Félix, Frank y Aura Finkenbinder, Justino y Eleuterio Rodríguez y Félix Rivera Cardona,". David Ramos Torres, Historia de la Iglesia de Dios Pentecostal, M.I.: Una Iglesia Ungida Para Hacer Misión (Río Piedras, PR: Editorial Pentecostales, 1992), 35.

[5]Las fuentes secundarias de información para este artículo son cuatro libros y una tesis escrita por historiadores del pentecostalismo puertorriqueño. Aparecen en orden cronológico de publicación: el primero es el intento más remoto de un relato histórico del movimiento Pentecostal hispano: 1) Roberto Domínguez, Pioneros de Pentecostés: En el Mundo de Habla Hispana, vol. 1 (Miami, el autor, 1971); 2) David Ramos Torres, Historia de la Iglesia de Dios Pentecostal, M.I.: Una Iglesia Ungida Para Hacer Misión (Río Piedras, PR: Editorial Pentecostal, 1992); 3) Rubén Pérez Torres, Poder Desde Lo Alto: Historia, Sociología, y Contribuciones del Pentecostalismo en Puerto Rico, el Caribe y en los Estados Unidos, Segunda Edición, Revisada y Actualizada (Terrassa [Barcelona], España: Editorial CLIE, 2003); 4) Donald T. Moore, Puerto Rico Para Cristo: A History of the Progress of the Evangelical Missions on the Island of Puerto Rico — Sondeos series, no. 43 (Cuernavaca, México: CIDOC, 1969); 5) Benjamín Alicea, "Religion and Missions in Puerto Rico" (tesis de maestría, New Brunswick Theological Seminary, 1978).

[6] Carmelo E. Álvarez, "Historic Panorama of Pentecostalism in Latin America and the Caribbean," in In the Power of the Spirit: The Pentecostal Challenge to Historic Churches in Latin America, ed. Benjamín F. Gutiérrez y

Dennis A. Smith, (Mexico: AIPRAL and Guatemala: CELEP, 1996), 29-40. Publicado originalmente en español en 1995. Álvarez es un respetado académico del Cristianismo en América Latina y el Caribe, quien se ha desempeñado como profesor asociado en Teología e Historia de la Iglesia en el Seminario Teológico Cristiano de Indianápolis, Indiana.

[7] Las Asambleas de Dios ordenaron a Lugo el 16 de enero de 1916. En 1940, se mudó con su familia a Nueva York y terminó su relación con la Iglesia de Dios Pentecostal y las Asambleas de Dios. Desde 1941-1947, la afiliación denominacional de Lugo es incierta. En 1948-9, sirvió como superintendente interino de la Asambleas de Iglesias Cristianas en los Estados Unidos (supervisando su trabajo en Illinois, Colorado, Texas y California). Después se transfirió al Distrito Occidental Hispano de la Iglesia de Dios (Cleveland, TN) hasta su muerte.

[8] Alicea, 23.

[9] Ibíd., 21-23.

[10] Moore, 2/3-2/4.

[11] Ibíd., 70. Los Estados Unidos cambio el nombre de Puerto Rico a Porto Rico al tomar control de la isla en 1899, y restauró el nombre Puerto Rico en 1932.

[12] Moore, 1/14-1/16; Raymond L. Scheele, "The Prominent Families of Puerto Rico", tomado de The People of Puerto Rico, ed. Julian H. Steward, et al (Urbana: University of Illinois Press, 1969), 60, 449.

[13] Moore, 2/4-2/7.

[14] Juan L. Lugo, Pentecostés en Puerto Rico: o la Vida de un Misionero (Impreso por Puerto Rico Gospel Press, 1951), 7.

[15] La identidad de los misioneros es desconocida. Sin embargo, en 1912 J. Raymond Hurlburt, un misionero Pentecostal en Honolulu, reportó la existencia de una congregación pentecostal puertorriqueña. Escribió, "También hay una asamblea de puertorriqueños santos aquí y Dios poderosamente les bendice a veces". También señaló, "Espero unirme a nuestro querido hermano Downing en Yokohama, Japón, cuando el señor termine conmigo en este lugar". J. Raymond Hurlburt, "The Work in Honolulu, Hawaii", Bridegroom's Messenger, 1 de junio de 1912, 2. Hurlburt fue ordenado por la Asamblea Apostólica (Spokane, WA) en 1911 y transfirió sus credenciales a la Asambleas de Dios en 1917.

[16] Lugo, 9-10.

[17] Ibíd., 14-15, traducido del español.

[18] Ibíd.

[19] Ibíd., 19-26.

[20] Archivos ministeriales de Juan Lugo, Francisco D. Ortiz y Frank D. Ortiz, Jr., FPHC.

[21] Lugo, 25; Víctor De León, The Silent Pentecostals: A Biographical History of the Pentecostal Movement Among the Hispanics in the Twentieth Century (La Habra, CA: el autor, 1979), 32-33.

[22] Lugo, 27-8.

[23] Ibíd., 28-29, traducido del español.

[24] Ibíd., 27.

[25] Ibíd., 30, traducido del español.

[26] Frank Finkenbinder, "The Pentecostal Work in the Island of Puerto Rico", manuscrito sin fecha, 1.

[27] Ella fue la persona identificada por Robert Jamieson, misionero en St. Thomas, Islas Vírgenes, y a quien le re-

firieron a Lugo durante su breve escala en la casa misionera de Glad Tidings Tabernacle en la Ciudad de Nueva York.

[28] Lugo, 33.

[29] El 25 de junio de 2005, una de las principales calle en la ciudad natal de Lugo fue nombrada en su honor: La Calle Juan León Lugo. Esta determinación fue tomada por el Gobierno Municipal de Yauco, por recomendación de La Iglesia de Dios Pentecostal, M.I. Se seleccionó una calle donde se encuentra localizada una de las iglesias de la denominación, "El Hospital de Dios". Allí, frente a la iglesia, se observa una placa conmemorativa, con la que también se rinde homenaje a los logros de este notable yaucano.

[30] Lugo, 33-39.

[31] Ibíd., 40-42.

[32] Ibíd., 64-65.

[33] Domínguez, 91, traducido del español.

[34] Moore, 3/44.

[35] H. C. Ball, "Pentecost Flurishing in Porto Rico," Pentecostal Evangel, 07 de enero de 1922, 6.

[36] Finkenbinder, 5. En este informe Finkenbinder afirma, "El primero en hablar después de que nos pusimos en pies fue el hermano Collazo, quien dijo: 'Creo que tengo la respuesta del Señor. En lugar de utilizar la palabra "Asamblea", simplemente utilizaremos la palabra "Iglesia". La Iglesia Pentecostal de Dios!' Todos sentimos, unánimemente, que esta era la respuesta. El nombre era encantador, sonaba bien. Nunca se nos ocurrió que podría existir una iglesia en los Estados Unidos con el mismo nombre, a pesar de que fuera en inglés. Regresamos a las oficinas con el nuevo nombre y allí no hubo

objeciones. Nos aceptaron y nos incorporaron de una vez. Pronto, el nombre que adoptado de esta manera circuló a través de la Isla y se convirtió en el "precioso nombre" de este movimiento". Certificado de Incorporación, Estado Libre Asociado de Puerto Rico, Departamento de Estado, el 13 de febrero de 1922, registro número 256, bajo el nombre de Iglesia de Dios Pentecostal.

[37] De León, 36-38; Lugo, 95-97.

[38] De León, 112-113; Lugo, 95-97.

[39] Juan Lugo, "New Bible School, Puerto Rico," Pentecostal Evangel, 15 de enero de 1938, 9.

[40] De León, 112-113. Lugo dirigió las Asambleas de Dios en Puerto Rico por tres períodos, no consecutivos: 1921-1923, 1926-1931 y 1937-1939.

[41] Eldin Villafañe, The Liberating Spirit: Toward an Hispanic American Pentecostal Social Ethic (Grand Rapids: Eerdmans, 1993), 94.

[42] Michael Valcárcel, "Valcárcel Family Tree" y "Valcárcel Family Migration to the States," mensajes de correo electrónico al autor, 28 y 29 de diciembre de 2011.

[43] Antonio Collazo, "Reverendo Juan L. Lugo: Pionero de Pentecostés," El Evangelio 39:7 (Julio 1984): 10-11.

[44]Hector Camacho Hernández, "Ha Muerto Un Apostol: En la muerte de Juan L. Lugo," El Evangelio 39:8 (Agosto 1984): 8-9, traducido del español. Hernández es un académico puertorriqueño, autor, fundador y ex Presidente de la Universidad Teológica del Caribe en Puerto Rico; ministro de la Iglesia de Dios (Cleveland, TN) y ex supervisor del ministerios hispanos en varios distritos.

[45] Después que la Iglesia de Dios Pentecostal, M.I. cesó su afiliación con las Asambleas de Dios en 1957, las iglesias y ministros puertorriqueños que permanecieron en

las Asambleas de Dios pasaron bajo la jurisdicción del Distrito Hispano Occidental, hasta que se formó el Distrito de Puerto Rico en 1975. Véase las Executive Presbytery Minutes, de 24 de agosto de 1957.

[46] De León, 111.

Anejo C: Actas de la Conferencia del Distrito de Porto Rico de las Asambleas de Dios del 1ro al 6 de septiembre de 1920. La traducción al inglés del acta es de Lena Smith Howe.

Minutes

Of the Council of the Assemblies of God of ~~the~~ District of Porto Rico Convened in Ponce, P.R., Sept 1 to 6 inclusive 1920

The council opened at 9:00 a.m Sept 1, 1920 in Ponce, with devotional exercises after which ~~the~~ council proceeded to the business in hand. It was unanimously agreed to dedicate the first day, morning and afternoon services, to prayer which resulted in untold blessing. The evening service consisted of a goodly number of testimonies and messages from the Lord by several of the workers.

Sept 2.

The morning service opened with devotional exercises. The conference then proceeded to elect a temporary board of officers, the following:– President J. L. Lugo; Secretary - Tomas Alvarez.

2

The list was then taken of missionaries, pastors and delegates, all together making twenty seven.

The president appointed an advisory committee consisting of Aguedo Collazo, Tomas Alvarez and Lena S. Howe.

The conference proceeded to receive the reports of the missionaries and other workers. The reports were inspiring and all returned thanks to God for His work among us. The work in Porto Rico reports about 600 brethren; 6 missionaries; 5 native lady missionaries or workers; 2 ministers ordained here; 8 local preachers; 6 chapels and eleven congregations.

A resolution was presented and approved that a committee to attend to the construction of church buildings be appointed. The following were appointed: ~~President~~ Chairman: F. L. Ortiz; Secretary, A. Collazo. Treasurer P. Feliciano. Sub treasurer, J. L. Lugo.

The following resolution was presented and approved: Whereas the Word of God ~~[illegible]~~ does not permit divorce except on grounds of unfaithfulness & the marriage vow and because it is difficult to be sure whether this has been the reason for separations and divorces, be it resolved that our ministers abstain from marrying any couple in which either or both have been divorced.

Resolved and Approved: That our ministers refrain from marrying those who are not of our converts.

Resolved and approved: Whereas the Lord does not allow the intermarriage of relatives, be it resolved that our ministers be not officiate in the marriage of first cousins.

Resolved, and approved, that the printing press, La Misionera be considered the property of the Council of Porto Rico.

Resolved and passed; that no pastor may leave his congregation without the ~~consent of~~ knowledge and consent of the Presbyter under whom said pastor be working.

4

Resolved and approved: that no worker go out to a field of work without consulting the local, home congregation and the presbyter of said territory.

Resolved and approved that no person lacking in knowledge of the Bible and without the Baptism of the Holy Spirit act as pastor.

Resolved that all property bought with funds raised in Porto Rico and with funds from abroad that have come outside of the General Council, be property of the Council of Porto Rico.

Resolution - Whereas the press ~~and the monthly Nuevas~~ de Salvación - Tidings of Salvation - ~~are~~ is the property of the Council of Porto Rico, be it resolved that said Council appoint one who shall serve as director of ~~a[illegible]~~ manager of the same department of printing. This was approved.

F. D. Ortiz was appointed.

A resolution was passed that "Las Nuevas de Salvación" be adopted as the official organ of the Council of P.R.

A resolution was also passed that a vote of thanks be extended the American Rail Road Company

5

for their courtesy in giving clinics to missionaries.

Resolved and approved that the minutes of this conference be sent to the General Council.

Resolution was passed that the resolutions passed be printed for the use of the workers.

~~It was resolved that the office of the Council of P.R. be in San Juan~~.

It was agreed to choose a board of directors to represent the General Council as to incorporation and then to proceed to incorporate the work in P.R.

A nominating committee was chosen consisting of Justino Rodriguez, Isabel de Lugo, Dionicia de Feliciano and Pedro Sanchez. The board of incorporation was elected by ballot resulting in the following: President, Frank Ortiz; Secretary, Lena S. Howe; Treasurer, Salomon Feliciano; other members [illegible] Alonzo, Lorenzo Lucena, Juan L. Lugo, Tomas Alvarez.

6

A resolution was passed that a special offering for native workers be taken the second Sunday of every month.

A resolution was passed that the treasurer acknowledge to each pastor the offerings sent in; also that the offerings be published in the monthly; that the treasurer prepare a report of expenditures for the annual conference.

Translated from report by
Thomas Alvarez [illegible]
[illegible] Howe.

Anejo D: Actas de la Conferencia del Distrito de Porto Rico de las Asambleas de Dios del 4 al 7 de noviembre de 1921

1.

Minutes of the Council of the Assemblies of God of the District of Porto Rico. Held in Arecibo, Nov. 4 to 7, 1921.

In the city of Arecibo, P.R. Nov. 4, 1921 began the first annual conference of the Assemblies of God in Porto Rico.

— Morning Session —

Devocional service at la nueve a.m.

J.L. Lugo was elected temporary Chairman and F.D. Ortiz temporary secretary.

Resolution was passed that we declare ourselves in communion and co-relation with the General Council of the Assemblies of God in the United States.

A resolution was passed approving the Constitution of the General Council.

(Here follows a translation of the Constitution)

A resolucion was passed that we ~~adopt~~ indorse the fundamental doctrines of the Gospel as expressed by General Council.

The following roster committee was appointed: Frank Finkenbinder, Lena S. Howe, Lorenzo Lucena.

The committee on Ministerial Conduct was appointed consisting of the following: Lorenzo Lucena, Lena S. Howe, Justino Rodriguez, H. C. Ball.

— Afternoon Session —

Resolution was passed that the ministers, evangelists and workers ~~with~~ with one delegate from each congregation be allowed to vote.

It was resolved that the following committees be appointed: Of Ordination; Of Evangelization; Of Literature; Of Ministerial Conduct; Of Construcción (Building)

Committee on Ordination:
F. D. Ortiz, J. L. Lugo, Agusdo Collazo.
Committee on Evangelization:
Frank Finkenbinder, Andres Rodriguez, Pedro Moreno
Committee on Literature
Lina S. Howe, Florencio Seda, Justino Rodriguez
Building Committee
J. L. Lugo, Manuel Pereira, Pedro Moreno

Morning Session Nov. 3.
The following officers were elected:
J. L. Lugo, President
F. D. Ortiz, Secretary
Frank Finkenbinder, Treasurer.

— Afternoon Session Nov 3 —

(On the typewritten page)

Of the Incorporation. P.M. Cession.

In as much as it is necesary for the encorporation of this Council and for the managements of its employes - We resolve that the Council of the Assamblies of God in P. R. district authorize the execitive council to encorporate this Council as is the one in the U.S.

We resolve that the principle office of the Council of the Assemblies of God in the districe of P.R. will be in San Juan.

We resolve that we elect an agent as lawyer for this Council- Elected Frank Finkenbinder.

....

Informations of the comitee of Ministerial Conduct:

Resolve: we recamend that no pastor change his place of labor from one part of the country to another without first consulting he Executive Council

....

(1) Information of the Committee of Ordination:

In as much as we do not have a bible school to prepare our ministe for the ministry we reccomend that every one acting as ministers to purchase and study a Spanish grammer for to learn to read and write the best possible.

(2) Resolve: We reccomend that all desiring to be ministers before they are licenced they must prove their christian conduct.

(3) Resolve: We reccomend that no one shall enter the ministry except they have veen baptised with the Holy Ghost.

(4) Resolve: We reccomend that no one shall enter the complete ministry except the have read all the bible and have studied an d endorsed all the fundamental doctrines of this Council.

(5) Resolve: We reccomend that all candidates for the ministry shall be examined so that there will be no snares and to be careful so that the ministry will be clean and holy. Not permitting i n the ministry those divorced and re married.

(6) Resolved: We reccomend that all desiring to enter the ministry andministers who are in the ministry be subject to an xamination of the bible studies in the "News of Salvation":

After noon cession dismissed:

....

Monday 9A. M.

After the prayer service the following committees reported;

Committee of Literature

Resolved, IN as much as there is Pernicious literature circulated We resolve that tha brothers elected on this comittee and the Pastors guard against falce literatuee , and that ~~they should~~ council a nd study the " News of Salvation" and The Apostolic Light".

Resolved: That the minutes of this cession be printed in pamplet form.

Resolved: That the "News of Salvation" Be accepted by thr Council of P.R.

Resolved that the press be accepted as property of this Council.

Resolved: That we shall use tracts for the advancements of this work.

....

The English Paper.

In as much as it is important to inform the Americans and English speaking people of the work in P.R. We resolve that an English paper be printed and that the name of this papre shall be " Pentecost in Porto Rico" Frank Finkenbinder is elected editor of this paper.

....

After noon cession of Mon. 7.
Opened by prayer.
Report of the committee of evangela zation.
We resolve that all the Assemblies sustain their Pastors with thei r tythes and offerings.
Since some assemblies are stronger than others We recomend that all / assemblies take at least one offering a month and sent it to the treasure that it may be devided and sent ot those who have but little. Thus following the example of all the other Fields.
We recomend that all our Ministers sent a Monthly report to the treasure of his actual conditions finantually so that he may rightly be informed as to the deviding of the offerings.

....

Resolved: We reccomend that every pastor who has two congregations in his work that he shall send of one of these congregations to the treasure so as to sustain the weeker -assemblies.

....

We reccomend that the President of thisCouncil make a quarterly visit to all the assemblies in Porto Rico so as to advise them in any difficulty.
We reccomend that every one of our assemblies pay the fare from one station to the other.

....

Resolved: We reccomend that Bro. F.D.Ortiz jr. be elected for or evangelistin this district.
Resolved. We reccomend that te work in general continue as in he present. Three Missionary districts. San Juan and supburbs by Mrs. L.S.Howe and Mr. Frank Finkenbinder. Arecibo, Altuado,Lares and Hatillo with its supburbs by F.D. Ortiz, Ponce JuanaDiaz, Lajas Mayaguez and Caborojoand its supburbs by J.L.Lugo.
............Night cession.(Construction below)
/Report of the Committee of Instruction/
(1) Resolved; that the exective Council or Precipter be authorized to call a council in cession every time necessary.
(2) Resolved: That the next Council be held in Lajas, D.V.
(3) Resolved; That a word of thanks be sent to the General Council for sending our Brother Ball here to assist in the upbuilding of the Pentecostal Work in Porto Rico.
(4) Resolved: That a word of thanks be extendid to the local Assembly and its Pastor of Arecibo for the hospatility manifested in provisions and care for workers all others of this Conference. Given immedately by all standing on feet and singing a hymn.
Blessing pronounced and thanks to God for this Council.

....

Report of the Committee of Construction.

(1) Resolved: That every Assembly send a Monthly offerinf for this fund.
(2) Resolved; That all the money now in the fund be donated to the P.R. Council.
(3) Resolved: That the Preachers Give monthly talks on the need of having chapels and churches so that they will know to more freely give
mover

(Continuation of Construction Committee)

(4) Resolved: That we accept all the chapels already erected as property of this Council.

After noon session dismissed.

....

Missionarys,
J.L. Lugo-Ponce.
F.D.Ortiz - Arecibo..
S.C. Ortiz. - Arecibo.
F.O. Finkenbinder - Santurce.
Aura Finkenbinder. - Santurce.
Lena S. Howe.- Santurce.

Local Missionarys:-

Arcadia B. Collazo
[illegible]
Isabel L. Lecaroz. Ponce.

Ministers:-

Lorenzo Lucena - Mayaguez.
Aguedo Collazo,- Santurce.

Preachers:-

Andres Rodriguez Ponce Playa, Emilio Rodon.
Manual Rivera - Montes Llanos.
Pedero Moreno - Lajas.
Justino Rodriguez-Aibonito.
Eleuterio Rodriguez-Aibonito.

Anejo E: Carta de Joseph Roswell Flower a Lena Smith del 25 de marzo de 1925

March 25, 1921

Mrs. Lena Smith Howe,
Box 65,
Santurce, Porto Rico

Dear Sister Howe:

Some days ago we received the copy of the Law of Incorporation of Foreign Associations not for profit in Porto Rico. This law has certain particulars in it which are quite distressing and under the present condition of the work in Porto Rico the brethren here do not feel free to commit the Assemblies of God on such a proposition. This law requires an elaborate report of the assets and liabilities of same and that the association consents to suit in the courts of Porto Rico upon all causes of action arising against it and is required to make an annual report with a penalty providing this report is not made. The brethren here feel that if we are to take steps of so serious a character that the Executive Presbytery would not be empowered to do so until we have had a regular meeting of the Council and secured a definite resolution authorizing the Executive Presbytery to enter into such an agreement and to incorporate under such conditions. It is further felt that we would need to have representatives in Porto Rico who we were satisfied would be thoroughly qualified to represent the General Council in a business capacity. At the present time, with the exception of yourself, all the members of the Council are native born Porto Ricans or new missionaries and while we appreciate the ability of these young men and the mighty way in which God has blessed them and given them a ministry, yet when it comes to a serious business matter like this there is a hesitancy to go ahead and empower these young men to represent us on the field and to have such powers conferred upon them. I trust that you will appreciate this position and before going further with the matter we want your advice as to whether or not there cannot be some

Anejo F: Carta de Frank D. Ortiz a Joseph Roswell Flower del 11 de febrero de 1921, relacionada a los papeles de incorporación del Distrito de Porto Rico de las Asambleas de Dios en el Departamento de Estado de Porto Rico y otros asuntos relacionados con la obra en Porto Rico.

NOTE the qualifications required of candidates for water baptism, (on the reverse side hereof.) JJM.

Lares, P.R.
Feb 11/21

Mr J. R. Flower
Springfield, Mo

Dear Bro Flower

Greetings in Jesus' name. May His grace, peace and love be multiplied unto you until it overflow

Your inspiring letter of Jan. 8 received. Thank you for the missionary offering. Indeed our God is moving on! Bless His name.

The rain is pouring. Souls are getting to Christ in most all our stations. There is a moving on and God is blessing.

Few nights ago the Lord wonderfully baptized in the Holy Ghost a young man, age 17 and it was truly wonderful. A lady across a lane said she felt like jumping thru the window and come in the hall and hear who this young brother [illegible]. Salvation makes us happy but the baptism of the Holy Ghost makes us happier still. Several have come to the Lord lately here in Lares.

Saturday Feb. 5 I baptized 21 in the beach. Ten were from Arecibo and eleven from Islote. One lady received the

Holy Ghost baptism ~~on~~ the sand while I was baptising another candidate in water. It was glorious. Their faces shined as they came out of the water. We teach our people they must be dead to sin and the world, the flesh and the devil before we can bury them with Christ in the watery grave. We can not bury a man alive. He must be dead. Some of these candidates were baptised with the Holy Spirit. On ~~Wednesday~~ Tuesday Feb. 8 I baptised 8 candidates in Aibonito. Seven of these are filled with the Holy Spirit. The chapel in Aibonito is to small now to accomodate the people that come. There is an awakening in the whole neighborhood.

Now I will again write you about the incorporation matter. Enclose you will find a copy of law as to incorporation and also incorporation blanks for a "Foreign Association not for pecuniary profit." These blanks must be filled by the president and secretary of the General Council.

We are praying for this matter and trust that everything may work out for the glory of God.

Bro. Lugo sent me the charter you sent and I have sent it on to Sis. Howe our secretary, with instruccion to have it filed in the office of the Secretary of Porto Rico until we have the other papers ready.

As to the appointment of an agent by

2

The General Council, as far as I am concerned, I am of opinion that Bro. Luce be appointed.
Now I wish you would make it very clear to us, the matter of credentials for our workers. Is it alright for us to have our own District Council credentials for the same form of the General Council (but in Spanish) for local preachers and ministers? Please answer.
In your missionary letter you mention a cable address. We find this to be a real blessing to us missionaries. We are glad to know we have one now. As to securing a code we will have to consult with each other so as to have one for our District Council.
We are getting the minutes translated to english by Sis. Howe. So you will have a copy soon.
I have learned that Bro. Kelum will stay in California. Is this true? We need him here. The work is extending rapidly and we have few workers only.
We will be glad to see Bro. & Sis. Frank Finkenbinder. We need them.
I wish I could write you more but just now I am very busy with our paper and also some tracts we are printing.

for free distribution.
May God bless you all and draw us nearer to Him and to each other that we may live in the perfect unity of the Spirit till Jesus comes.

Yours in the expectation of great things from God in these last days

F. Bartleman

Anejo G: Carta de Francisco D. Ortiz, Jr. a Joseph Roswell Flower del 11 de marzo de 1921 para incluirle la copia en inglés del acta de la Convención de 1920.

Lares, P.R.
Mar. 11/21

Mr. J. R. Flower
Springfield, Mo.

Dear Bro. Flower:

Greetings in Jesus' name
The minutes have been translated from the Spanish text to English by Sis. Howe and I am sending them to you. According to the conditions of the work here resolutions were adopted. We trust that these minutes may have the approval of the General Council.

I feel better now, but can not do very active work. Continue praying for us.

With christian love
Yours in the love and fellowship of Jesus.
Frank D. Ortiz.

Anejo H: Carta de Joseph Roswell Flower a Francisco D. Ortiz, Jr. del 25 de marzo de 1921 sobre la incorporación y los acuerdos tomados en la Convención de 1920.

March 25, 1921

Frank D. Ortiz, Jr.,
Box 61,
Lares, Porto Rico

My Dear Brother Ortiz:

Some time ago we received your letter of
February 11 enclosing copies of application blanks for
corporations who desire to become incorporated in Porto
Rico and we have recently received the copy of the
Minutes of the District Council in Porto Rico all of
which have been noted with much interest. The incorporation blanks are now being considered by the Executive Presbytery and we shall report a little later on
this matter.

I have noted the Minutes particularly and I
wish that it could have been possible for one of us to
have been present and attended your first District
Council. So much importance hinges on a proper founda-
tion for Council work. While you have formed a Council
yet there are no resolutions showing that you are
identified with the General Council of America. You
should have passed a resolution showing that you were
an integral part of the General Council of the Assemblies
of God whose headquarters are at Springfield, Missouri,
U. S. A. You should also have adopted the constitution
of the General Council as the constitution for the
District Council of Porto Rico.

I also note that some of your resolutions are
dangerously near to becoming unconstitutional. We have
no power to legislate laws of government and yet you
have some legislation in your Minutes. According to
our constitution we can only approve of Scriptural
methods, doctrines, practices, etc., and disapprove of
unscriptural conduct, work and doctrines. We strictly
adhere to this matter here in America and guard our
every action lest we become unconstitutional. The basis

Anejo I: Copia de los primeros papeles de incorporación del Distrito de Porto Rico de las Asambleas de Dios después de la Convención de 1920.

Associations not for pecuniary profit. Domestic.
Form No. 1.
Office of the Secretary of Porto Rico.

ARTICLES OF INCORPORATION

OF THE

Porto Rico District Council of the Assemblies of God

(Here insert full name of the association.)

(Section 3, Act of March 9, 1911.)

KNOW ALL MEN BY THESE PRESENTS:

That we, the undersigned, do hereby associate ourselves for the purpose of forming an association not for pecuniary profit under and by virtue of the provisions of an Act of the Legislature of Porto Rico entitled: "An Act to incorporate associations not for pecuniary profit," approved March 9, 1911.

And we hereby certify:

FIRST.

That the legal name and title by which said association is to be known is (a) Porto Rico District Council of the Assemblies of God.

SECOND.

That the place where its principal office in the Island of Porto Rico is to be located is Calle Stone, [illegible] Ponce, P. R.

THIRD.

That the period for which said association is incorporated is Twenty-five [illegible]

FOURTH.

That the object for which said association is organized is: To proclaim the Word of God in accordance with the apostolic doctrine and practice; to labor for the evangelization of the world; to promote Christianity in the island of Porto Rico through the united efforts of the various Assemblies of God by all legal and practical means, but especially by missionary and evangelistic work; to have the right [illegible] in connection therewith or incidental thereto, to purchase, acquire, by gift, devise, bequest or otherwise either in its own or as Trustee, to own and hold in trust, [illegible], sell, convey, mortgage, lease or otherwise [illegible] and dispose of any real or personal property as may be necessary for assembly and other rooms required for its purposes; establish and carry on schools, homes for the needy, also to publish, sell or otherwise distribute books, tracts, periodicals, and to do general printing and publishing business in connection therewith without pecuniary profit to any member of the association; all in accordance with the constitution

(a) Insert full name of the association, but no name shall be assumed already in use by any other corporation or association, or so nearly similar thereto as to lead to confusion or uncertainty, nor a name that is likely to deceive the public as to the purpose or scope of the association.

FIFTH.

That the names and post-office addresses of the incorporators are:[1]

NAMES.	P. O. ADDRESSES.
Francisco Ortiz Jr.	P.O. Box 61 Lares, P.R.
Lena Smith Howe	P.O. Box 63 Santurce, P.R.
Juan L. Lugo	P.O. Box 152 Ponce, P.R.
Lorenzo Lucena	Box 61 Marine Sta. Mayagüez
Aurelio Collazo	P.O. Box 1099 Arecibo, P.R.
[illegible] Alvarez	P.O. Box 1099 Arecibo, P.R.

SIXTH.

That the number of its trustees or directors is to be:[2] Six

SEVENTH.

That the terms and conditions of membership are:

Repentance toward God and faith toward the Lord Jesus Christ are the ~~terms~~ conditions of membership.

(1) The incorporators are to be at least five.

(2) The number of trustees or directors shall be not less than five.

EIGHTH.

That the natural resources of said association or those with which it is intended to meet running expenses are

The [illegible] of the Members of the [illegible].

NINTH. (a)

(a) Any provision prescribing the qualifications of officers, or for the regulation of the business and conduct of the affairs of the association, or any limitation or regulation of the powers of the association officers, not inconsistent with law, may be inserted here at the option of the incorporators.

In Witness Whereof, we have hereunto set our hands at
this day of one thousand nine hundred and

(1) Francisco M. Zeno, Luis Smith Hern

ACKNOWLEDGMENT.

The People of Porto Rico,
Municipality of } ss:

Be it remembered, that on this day of , A. D. 19 ,
before me, a (official title of any notary or other officer authorized to take and certify acknowledgments)
personally appeared (1)
who I am satisfied are the persons named in and who executed the foregoing certificate, and I having first made known to them the contents thereof, they did each acknowledge that they executed and signed the same as their voluntary act and deed.

In Witness Whereof, I have hereunto set my hand and affixed my official seal the day and year last above written.

[SEAL.]

(official title.)

(1) This certificate is to be subscribed and acknowledged by each of the incorporators.

Anejo J: Documento sobre información para incorporar organizaciones religiosas sin fines de lucro que Francisco D. Ortiz, Jr. le envió a Joseph Roswell Flower y que le causara tanta preocupación al Secretario Flower.

Law of Incorporation of Foreign associations not for prof

[illegible] 1. FOREIGN ASSOCIATIONS [illegible].—All associations organized under the law of any State of the United States, or of any foreign government for any scientific, literary, religious, fraternal, charitable, educational, recreative or any lawful purpose, not for pecuniary profit, shall, before doing business within this island, file in the office of the Secretary of Porto Rico the following documents:

(1) A duly [illegible] copy of their charters or articles of incorporation, [illegible] of the [illegible], up to the date [illegible] in which [illegible] effect.

2. A statement [illegible] of the president and secretary of the association and attested by a majority of its board of trustees or directors, [illegible]:

(a) [illegible] by which such association is known in law.

(b) The place where the principal office in the Island of Porto Rico [illegible] located.

(c) [illegible] of the association [illegible] the [illegible] thereof.

(d) [illegible] association [illegible] indebtedness [illegible].

(e) [illegible] office of such [illegible].

3. [illegible] signed by the president or [illegible] and its secretary, [illegible] that the association [illegible] Porto Rico [illegible] process may be served. [illegible] the principal place of business of such association, society, or club, [illegible].

4. A written consent of the person so designated to act as such agent [illegible].

Upon filing said documents in the office of the Secretary of Porto Rico and [illegible] filing fees provided by this act, the Secretary of Porto Rico shall issue [illegible] a certificate showing that the documents required by this section have been filed in his office, and authorizing said association to do business in this island.

[illegible] ANNUAL REPORT OF SUCH FOREIGN ASSOCIATIONS.

Every such association shall file in the office of the Secretary of Porto Rico annually and within the month of January a report which shall be in the same form and contain the same information as required in the statement mentioned in the foregoing section of this act. Any foreign association neglecting to furnish such report within the time herein fixed shall forfeit to The People of Porto Rico, one hundred dollars to be recovered with cost in an action to be prosecuted by the Attorney General.

Anejo K: Carta del Joseph Roswell Flower a Lena Smith Howe del 25 de marzo de 1921, explicándole por qué no podían permitir que los misioneros puertorriqueños asumieran el rol de representar el Concilio General de las Asambleas de Dios en Porto Rico.

March 25, 1921

Mrs. Lena Smith Howe,
Box 65,
Santurce, Porto Rico

Dear Sister Howe:

Some days ago we received the copy of the Law of Incorporation of Foreign Associations not for profit in Porto Rico. This law has certain particulars in it which are quite distressing and under the present condition of the work in Porto Rico the brethren here do not feel free to commit the Assemblies of God on such a proposition. This law requires an elaborate report of the assets and liabilities of same and that the association consents to suit in the courts of Porto Rico upon all causes of action arising against it and is required to make an annual report with a penalty providing this report is not made. The brethren here feel that if we are to take steps of so serious a character that the Executive Presbytery would not be empowered to do so until we have had a regular meeting of the Council and secured a definite resolution authorizing the Executive Presbytery to enter into such an agreement and to incorporate under such conditions. It is further felt that we would need to have representatives in Porto Rico who we were satisfied would be thoroughly qualified to represent the General Council in a business capacity. At the present time, with the exception of yourself, all the members of the Council are native born Porto Ricans or new missionaries and while we appreciate the ability of these young men and the mighty way in which God has blessed them and given them a ministry, yet when it comes to a serious business matter like this there is a hesitancy to go ahead and empower these young men to represent us on the field and to have such powers conferred upon them. I trust that you will appreciate this position and before going further with the matter we want your advice as to whether or not there cannot be some other way in which to handle this matter and give the work a standing in the eyes of the government. I have not written Brother Ortiz or Brother Lugo concerning this matter and will wait till I hear from you before I do so. An early reply from you will be greatly appreciated.

Yours in Christ,

Secretary

JRF/BD

J. R. FLOWER

(c) The liabilities of such association and if any of its indebtedness is secured, how secured, and upon what property.

(e) The names of its trustees or directors and of its officers and the time when the time of office of each expires.

3. A certificate signed by its president or head officer and its secretary, duly acknowledged showing that the association has consented to be sued in the courts of Porto Rico upon all causes of action arising against it in this Island, and designating an agent upon whom process may be served. Such agent shall reside in the same town where the principal place of business of such association, society, or club, has been established.

4. A written consent of the person so designated to act as such agent also duly acknowledged.

Upon filing said documents in the office of the Secretary of Porto Rico and payment of the filing fees provided by this act, the Secretary of Porto Rico shall issue under his seal, a certificate showing that the documents required by this section have been filed in his office, and authorizing said association to do business in this island.

[illegible]. ANNUAL REPORT OF SUCH FOREIGN ASSOCIATIONS.

Every such association shall file in the office of the Secretary of Porto Rico annually and within the month of January a report which shall be in the same form and contain the same information as required in the statement mentioned in the foregoing section of this Act. Any foreign association neglecting to furnish such report within the time herein fixed shall forfeit to The People of Porto Rico, one hundred dollars to be recovered with cost in an action to be prosecuted by the Attorney General.

[illegible]. INJUNCTION AGAINST ASSOCIATION NOT FOR PROFIT.

No association incorporated under the provisions of this law, shall have power to do business without having previously complied with the requisites of the same prescribed for its incorporation or modification; and any such association carrying on business in this island contrary to this act, may, upon the complaint of the Attorney General, be temporarily or permanently enjoined therefrom by a court of justice.

STATUTE

[illegible]

Anejo L: Documentos de incorporación de la Iglesia de Dios Pentecostal en la Oficina del Secretario Ejecutivo del Pueblo de Puerto Rico, el 3 de febrero de 1922.

THE PEOPLE OF PUERTO RICO

Office of the Executive Secretary

...NOW ALL MEN BY THESE PRESENTS:-

That in accordance with a request of Mr. Noel Perkin, ...336 West Pacific, Springfield, Missouri, I, C. GALLARDO, ...tive Secretary of Puerto Rico, DO HEREBY CERTIFY: That ...tached six printed and typewritten sheets are a true and c... copy of the articles of incorporation of "THE PENTECOSTAL CH... GOD," an association not for pecuniary profit organize... the laws of Puerto Rico, and of two certificates of amen... such articles of incorporation, the originals of which ...s of incorporation and certificates of amendment were o... thirteenth day of February, nineteen hundred and twenty-t... the seventh day of May, nineteen hundred and twenty-th... on the seventh day of April, nineteen hundred and thirty... espectively, filed in this office, in which they are now of ...---

IN WITNESS WHEREOF, I have hereunto set my hand and caused to be affixed the Great Seal of Puerto Rico, at the City of San Juan, this ninth day of May, A. D., nineteen hundred and thirty-six.

C. Gallardo

C. GALLARDO,
Executive Secretary.

Form No. 1.
Office of the Secretary of Porto Rico.

ARTICLES OF INCORPORATION

OF THE

------------------PENTECOSTAL CHURCH OF GOD------------------------

(Here insert full name of the association.)

(Section 2, Act of March 9, 1911.)

KNOW ALL MEN BY THESE PRESENTS:

That we, the undersigned, do hereby associate ourselves for the purpose of forming an association not for pecuniary profit under and by virtue of the provisions of an Act of the Legislature of Porto Rico entitled: "An Act to incorporate associations not for pecuniary profit," approved March 9, 1911.

And we hereby certify:

FIRST.

That the legal name and title by which said association is to be known is THE PENTECOSTAL CHURCH OF GOD.--

SECOND.

That the place where its principal office in the Island of Porto Rico is to be located is Ponce. Mayor Canters St.--------------------------------

THIRD.

That the period for which said association is incorporated is Fifty years-----

FOURTH.

That the object for which said association is organized is The spreading of the Gospel by preaching, teaching, by orphanages, asylums, and by literature.--

FIFTH.

That the names and post-office addresses of the incorporators are:

NAMES.	P. O. ADDRESSES.
Juan L. Lugo	Box 132, Ponce, P. R.
Lena Smith Howe	Box 63, Santurce, P. R.
Frank Finkenbinder	Box 63, Santurce, P. R.
Aguedo Collazo	Box 398, Bayamón, P. R.
Tomás Alvarez	Box 61, Mayaguez, Marina Station.
Justino Rodríguez	Box 61, Lares, P. R.
Lorenzo Lucena	Marina Station Box 61, Mayaguez.
Aurea Finkenbinder	Box 63, Santurce, P. R.
Isabel O. Lugo	Box 132, Ponce, P. R.
Euletino Rodríguez	Box 1099, Arecibo, P. R.

SIXTH.

That the number of its trustees or directors is to be: Five.

SEVENTH.

That the terms and conditions of membership are:

Recognizing the fact that all those who are truly born again, (John 3:3-5) are members of the Generaly Assembly and Church of the First Born whose names are written in heaven, we receive and accept such in our communion.

EIGHTH.

That the natural resources of said association or those with which it is intended to meet running expenses are The free will offerings of the members.----

NINTH.

(1) (Sgd.) Juan L. Lugo
" Lena Smith Howe
" Frank Finkenbinder
" Aguedo Collazo
" Tomás Alvarez
" Justino Rodríguez
" Lorenzo Lucena
" Aura Finkenbinder
" Isabel O. Lugo
" Eleuterio Rodríguez

ACKNOWLEDGMENT.

THE PEOPLE OF PORTO RICO. }
MUNICIPALITY OF San Juan } SS:

Be it remembered, that on this 3d ---- day of February----- , A. D. 1922, before me, a Notary Public--,
(official title of any notary or other officer authorized to take and certify acknowledgments.)
personally appeared (1) Juan L. Lugo, Lena Smith Howe, Frank Finkenbinder, Aguedo Collazo, Tomás Alvarez, Justino Rodríguez, Lorenzo Lucena, Aura Finkenbinder, Isabel O. Lugo, and Eleuterio Rodríguez----, who I am satisfied are the persons named in and who executed the foregoing certificate, and I having first made known to them the contents thereof, they did each acknowledge that they executed and signed the same as their voluntary act and deed.

IN WITNESS WHEREOF, I have hereunto set my hand and affixed my official seal the day and year last above written.

[SEAL.]

445

(Sgd.) F. Ramírez de Arellano
Notary.
(Official title.)

(Notarial Seal.)
(25¢ I.R.S. cancelled.)

Anejo LL: Certificado de ordenación de Juan L. Lugo

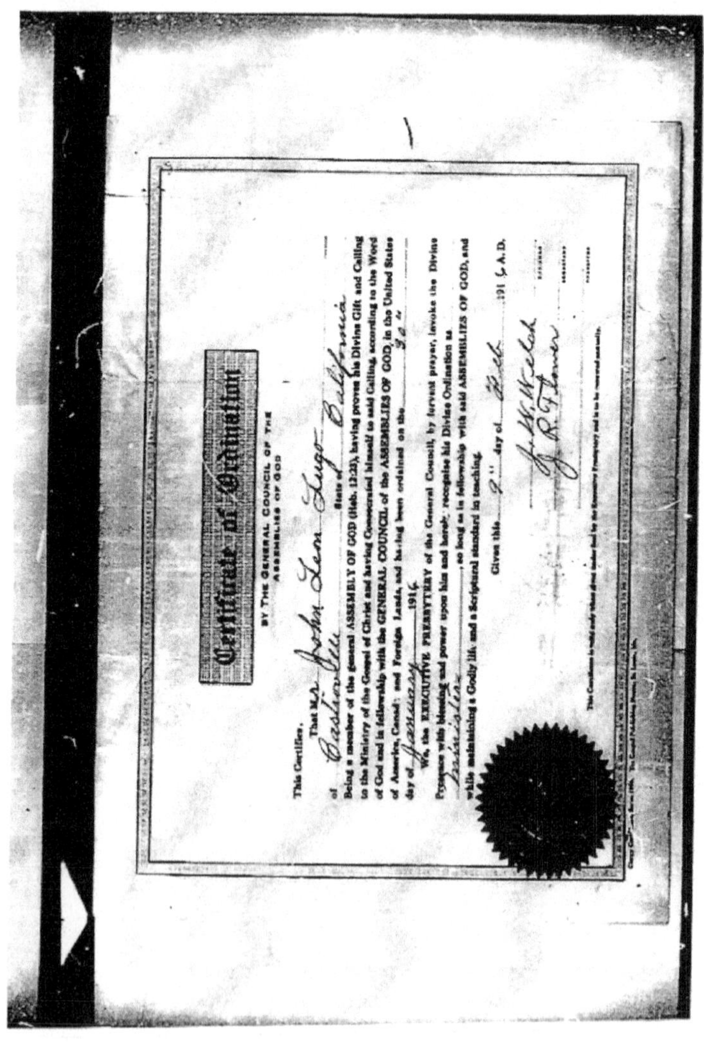

Certificate of Ordination

BY THE GENERAL COUNCIL OF THE ASSEMBLIES OF GOD

This Certifies,

That Mr. John Leon Lugo

of Castroville State of California

Being a member of the general ASSEMBLY OF GOD (Heb. 12:23), having proven his Divine Gift and Calling to the Ministry of the Gospel of Christ and having Consecrated himself to said Calling, according to the Word of God and in fellowship with the GENERAL COUNCIL of the ASSEMBLIES OF GOD, in the United States of America, Canada, and Foreign Lands, and having been ordained on the 30th day of January 1916

We, the EXECUTIVE PRESBYTERY of the General Council, by fervent prayer, invoke the Divine Presence with blessing and power upon him and hereby recognize his Divine Ordination as Minister, so long as in fellowship with said ASSEMBLIES OF GOD, and while maintaining a Godly life and a Scriptural standard in teaching.

Given this 2nd day of Feb 1916 A.D.

J. W. Welch

J. R. Flower

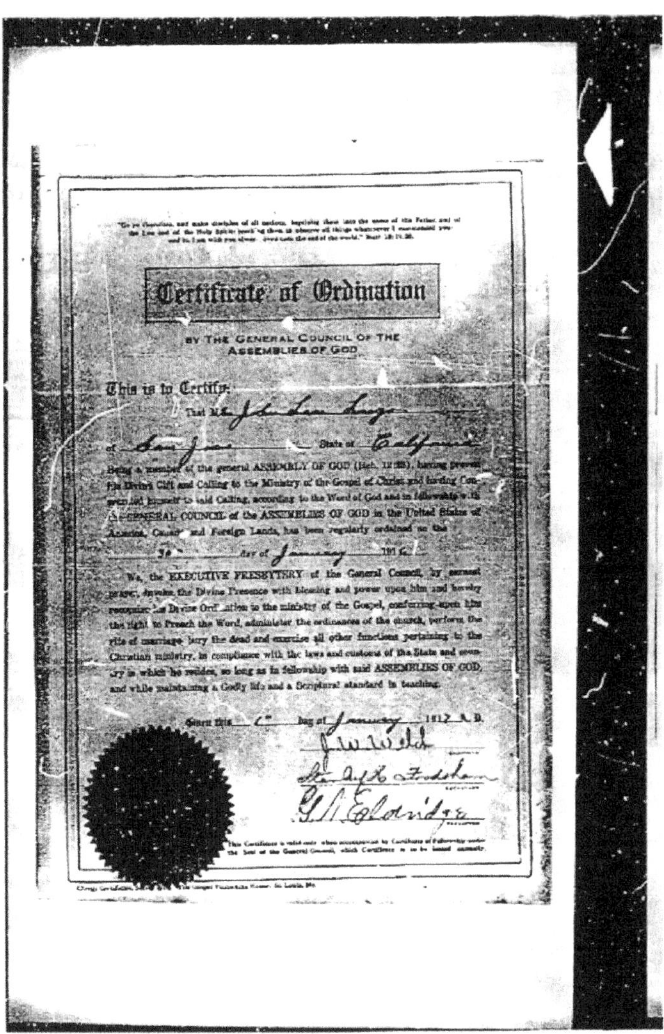

Certificate of Ordination

BY THE GENERAL COUNCIL OF THE ASSEMBLIES OF GOD

This is to Certify:

That Mr. [illegible]

of San Jose State of California

Being a member of the general ASSEMBLY OF GOD (Heb. 12:23), having proven his Divine Gift and Calling to the Ministry of the Gospel of Christ and having consecrated himself to said Calling, according to the Word of God and in fellowship with the GENERAL COUNCIL of the ASSEMBLIES OF GOD in the United States of America, Canada and Foreign Lands, has been regularly ordained on the [illegible] day of [illegible]

We, the EXECUTIVE PRESBYTERY of the General Council, by earnest prayer, invoke the Divine Presence with blessing and power upon him and hereby recognize his Divine Ordination to the ministry of the Gospel, conferring upon him the right to Preach the Word, administer the ordinances of the church, perform the rite of marriage, bury the dead and exercise all other functions pertaining to the Christian ministry, in compliance with the laws and customs of the State and country in which he resides, so long as in fellowship with said ASSEMBLIES OF GOD, and while maintaining a Godly life and a Scriptural standard in teaching.

Given this [illegible] day of [illegible] A.D.

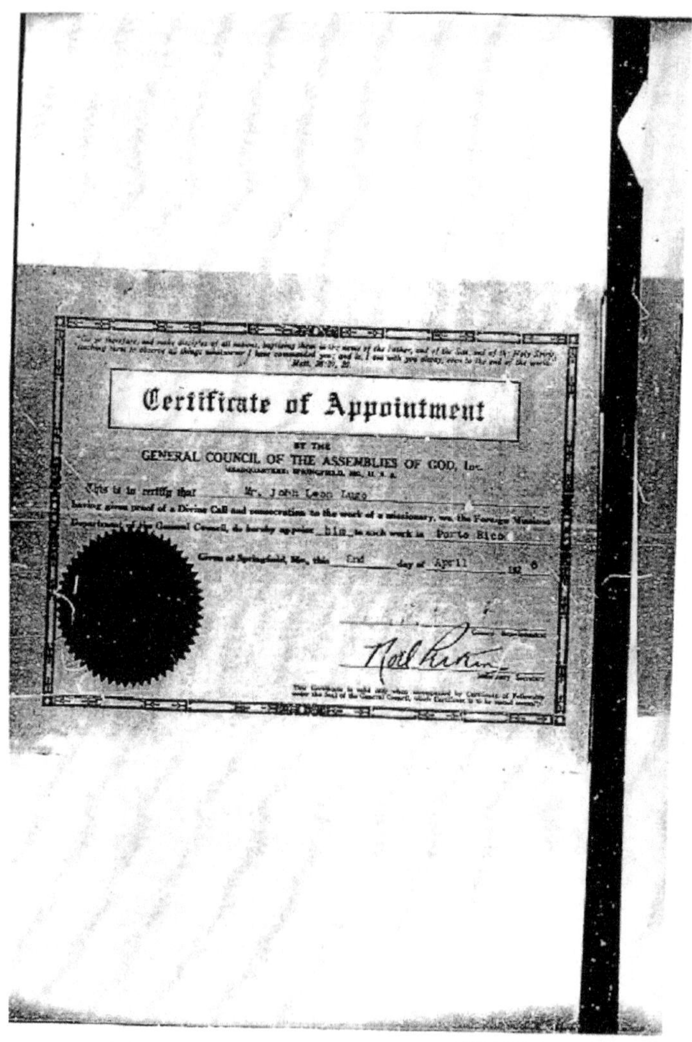
Certificate of Appointment

BY THE

GENERAL COUNCIL OF THE ASSEMBLIES OF GOD, Inc.

This is to certify that Mr. John Leon Lugo

having given proof of a Divine Call and consecration to the work of a missionary, we, the Foreign Missions Department of the General Council, do hereby appoint him to such work in Porto Rico

Given at Springfield, Mo., this 2nd day of April 192[illegible]

Anejo M: Certificado de ordenación de Francisco D. Ortiz, Jr.

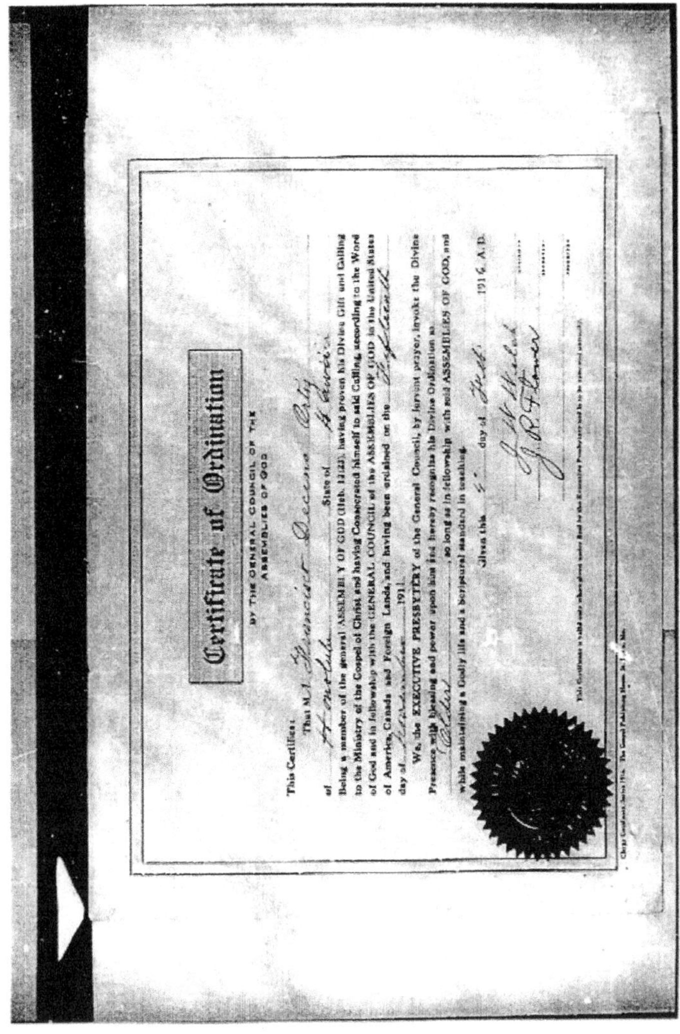

Certificate of Ordination

BY THE GENERAL COUNCIL OF THE ASSEMBLIES OF GOD

This Certifies:

That M.. Francisco Deceno Ortiz

of Honolulu State of Hawaii

Being a member of the general ASSEMBLY OF GOD (Heb. 12:23), having proven his Divine Gift and Calling to the Ministry of the Gospel of Christ and having Consecrated himself to said Calling, according to the Word of God and in fellowship with the GENERAL COUNCIL of the ASSEMBLIES OF GOD in the United States of America, Canada and Foreign Lands, and having been ordained on the Fifteenth day of [illegible] 1911.

We, the EXECUTIVE PRESBYTERY of the General Council, by fervent prayer, invoke the Divine Presence with blessing and power upon him and hereby recognize his Divine Ordination as Elder, so long as in fellowship with said ASSEMBLIES OF GOD, and while maintaining a Godly life and a Scriptural standard in teaching.

Given this 5 day of Feb 1916 A. D.

J. W. Welch

J. R. Flower

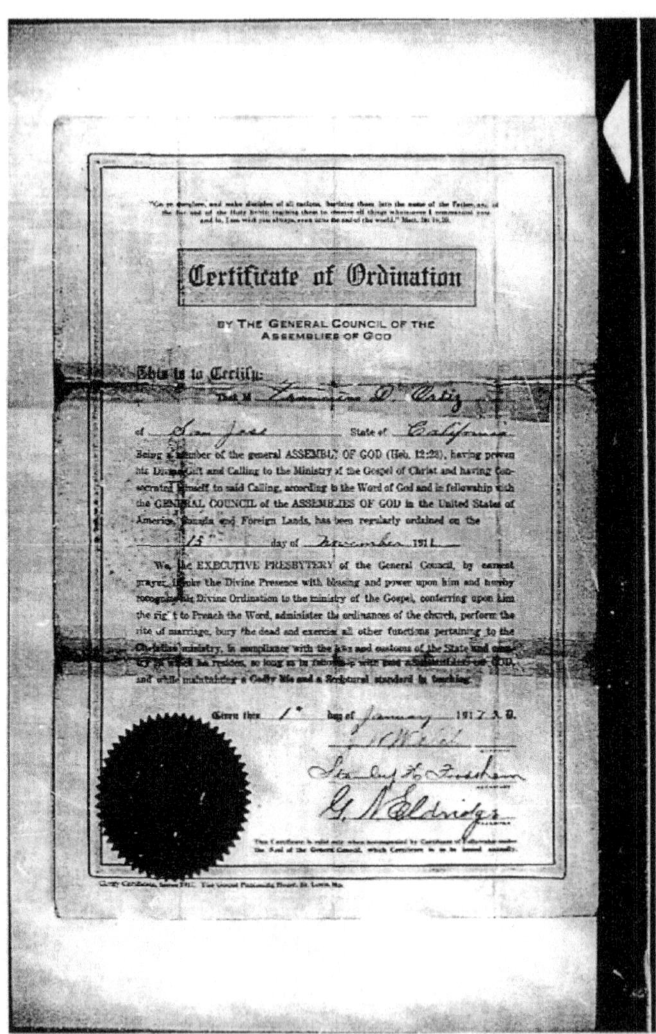

Certificate of Ordination

BY THE GENERAL COUNCIL OF THE ASSEMBLIES OF GOD

This is to Certify:

That M [illegible] D. Ortiz

of San Jose State of California

Being a member of the general ASSEMBLY OF GOD (Heb. 12:23), having proven his Divine Gift and Calling to the Ministry of the Gospel of Christ and having Consecrated himself to said Calling, according to the Word of God and in fellowship with the GENERAL COUNCIL of the ASSEMBLIES OF GOD in the United States of America, Canada and Foreign Lands, has been regularly ordained on the

15 day of [illegible] 1911

We, the EXECUTIVE PRESBYTERY of the General Council, by earnest prayer, invoke the Divine Presence with blessing and power upon him and hereby recognize his Divine Ordination to the ministry of the Gospel, conferring upon him the right to Preach the Word, administer the ordinances of the church, perform the rite of marriage, bury the dead and exercise all other functions pertaining to the Christian ministry, in compliance with the laws and customs of the State and country in which he resides, so long as in fellowship with [illegible] of GOD, and while maintaining a Godly life and a Scriptural standard in teaching.

Given this 1 day of January 1917 A. D.

G. N. Eldridge

Anejo N : Solicitud de ordenación de Lorenzo Lucena al Concilio General de las Asambleas de Dios.

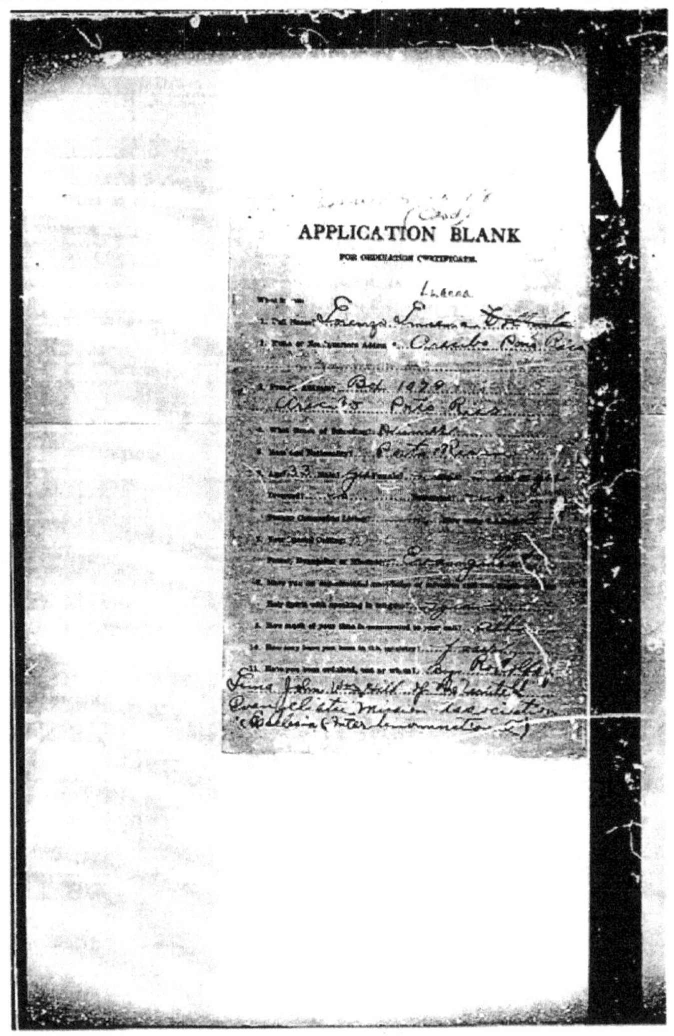

APPLICATION BLANK

FOR ORDINATION CERTIFICATE

Anejo O: Solicitud de ordenación de Salomón Feliciana al Concilio General de las Asambleas de Dios.

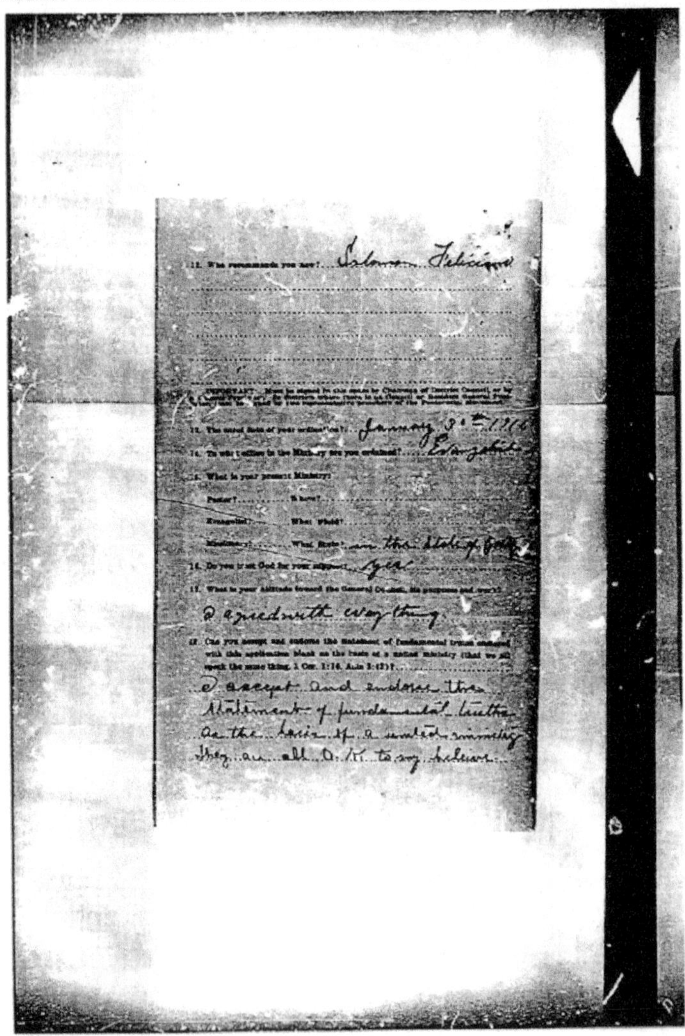

12. Who recommends you now? Salomon Feliciano

IMPORTANT: [illegible]

13. The exact date of your ordination? January 3th 1916

14. To what office in the Ministry are you ordained? Evangelist

15. What is your present Ministry?

Pastor? ...... Where? ......

Evangelist? ...... What Field? ......

Missionary? ...... What State? in the State of [illegible]

16. Do you trust God for your support? yes

17. What is your attitude toward the General Council, its purposes and work?

I agreed with every thing

18. Can you accept and endorse the Statement of fundamental truths [illegible] with this application blank as the basis of a united ministry (that we all speak the same thing. 1 Cor. 1:10, Acts 2:42)?

I accept and endorse the statement of fundamental truths as the basis of a united ministry they are all O.K. to my believe.

Anejo P: Carta del Comisionado Residente en Washington, Luis Muñoz Rivera al residente de la Cámara de Diputados, José de Diego

LUIS MUÑOZ RIVERA
RESIDENT COMMISSIONER
FROM PORTO RICO

House of Representatives U. S.
Washington, D. C.

Enero 1° de 1915.

Mi querido de Diego:

Supongo que La Democracia publicó y usted leyó mis notas. No sólo expresan mi pesimismo sino que se dirigen á influir en el ánimo de la administración para que acepte enmiendas de fondo en el bill Jones, ó sea en el bill McIntyre. Es seguro que el Gobernador hará traducir ese trabajo y lo mandará á la Secretaría de la Guerra. Quizá impresione al Secretario la certidumbre de que un avance hacia el separatismo será el primer efecto de la ciudadanía compulsoria y del veto absoluto. Y, de ese modo, tal vez encontraremos más fácil el camino en el Comité, que es una sucursal del War Department.

Entretanto debemos ahí, en la prensa y en la Cámara, continuar nuestra política de autonomía como un paso hacia adelante y de independencia como un ideal definitivo, hasta agotar ese recurso y convencernos de que cualquier plan es inútil contra el imperialismo americano. Yo estoy convencidísimo de que ni á Filipi-

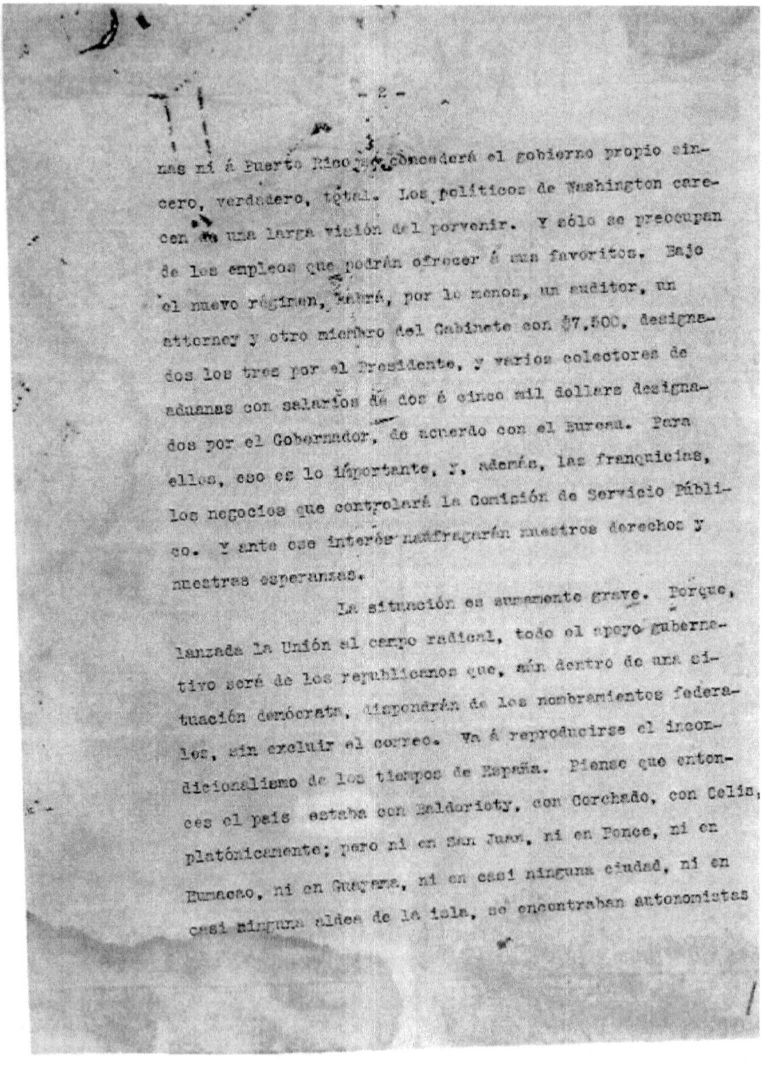

\- 2 -

nas ni á Puerto Rico se concederá el gobierno propio sincero, verdadero, total. Los políticos de Washington care-
cen de una larga visión del porvenir. Y sólo se preocupan
de los empleos que podrán ofrecer á sus favoritos. Bajo
el nuevo régimen, habrá, por lo menos, un auditor, un
attorney y otro miembro del Gabinete con $7,500, designa-
dos los tres por el Presidente, y varios colectores de
aduanas con salarios de dos á cinco mil dollars designa-
dos por el Gobernador, de acuerdo con el Bureau. Para
ellos, eso es lo importante, y, además, las franquicias,
los negocios que controlará la Comisión de Servicio Público. Y ante ese interés naufragarán nuestros derechos y
nuestras esperanzas.

La situación es sumamente grave. Porque,
lanzada la Unión al campo radical, todo el apoyo guberna-
tivo será de los republicanos que, aún dentro de una situación demócrata, dispondrán de los nombramientos federa-
les, sin excluir el correo. Va á reproducirse el incon-
dicionalismo de los tiempos de España. Piense que entonces el país estaba con Baldorioty, con Corchado, con Celis,
platónicamente; pero ni en San Juan, ni en Ponce, ni en
Humacao, ni en Guayama, ni en casi ninguna ciudad, ni en
casi ninguna aldea de la isla, se encontraban autonomistas

\- 3 -

militantes con quienes constituir las juntas directivas del partido. Hubo un momento en que no pude yo hallar en esa ciudad murada cuatro hombres para el Directorio y fui á buscar en Comerío á Gómez Brioso. Y en esa época, tampoco encontré en Ponce diez personas para el comité autonomista. Ponce no tenía comité autonomista en 1896. Temo mucho á una reproducción de aquellas amarguras, y más hoy que el Gobierno <u>paga</u>: mientras que en 1896 se limitaba á <u>pegar</u>. Era la política del palo. En el futuro, acaso se inicie, ó se repita, la política del palo y el pan. Versos de Campoamor: "¡Qué bien manda á los hombres el que tiene – en una mano...etc."

Nosotros necesitamos poner la vista en el pasado y en el porvenir. El presente es nada: es el momento que vuela. Las lecciones vienen del ayer y sirven para el mañana.

No recuerdo si dije á usted que el doctor Yager consiguió una carta del Presidente Wilson para el leader Underwood á fin de que el bill Jones se discuta bajo una regla especial. Sin duda el Gobernador le hablará de ese triunfo suyo. A pesar de todo, aún es posible que el bill aguarde al proximo Congreso ó <u>at kalendas</u>

Bibliografía

Acosta Lespier, Ivonne. "De La Esperanza a La Desilusión Y a La Resistencia: Puerto Rico de 1898-1914." Accessed February 8, 2016. http://desahogoboricua.blogspot.com/2014/05/de-la-esperanza-la-desilucion-y-la.html.

Álvarez, Tomás. "Pentecost Given to Us Porto Ricans." *TPE*, September 20, 1924. Flower Pentecostal Heritage Center.

Boisen, Anton Theophilus. *Out of the Depths: An Autobiographical Study of Mental Disorder and Religious Experience*. Harper, 1960.

———. *The Exploration of the Inner World: A Study of Mental Disorder and Religious Experience*. Willett, Clark & company, 1936.

Cox, Harvey. *Fire from Heaven: The Rise of Pentecostal Spirituality and the Reshaping of Religion in the Twenty-First Century*. Cambridge, Mass: Da Capo Press, 2001.

Dayton, Donald W. *Raíces teológicas del pentecostalismo*. Buenos Aires; Grand Rapids: Nueva Creación; W.B. Eerdmans Pub., 1991.

Díaz, Samuel. *La Nave Pentecostal*. Deerfield, FL: Editorial Vida, 1995.

Domínguez, Roberto. *Pioneros de Pentecostés*. Vol. 1. Clie, Editorial, 1990.

Estrada-Adorno, Wilfredo. *100 años después: La ruta del pentecostalismo puertorriqueño*. Cleveland, TN: Editorial CLS, 2015.

Estrada Adorno, Wilfredo. *Cántico Borincano de Esperanza: Historia de La Distribución de La Biblia Del 1898 Al 1998*. Bayamón, PR: Sociedades Bíblicas de Puerto Rico, 2000.

———. "The Reconciliation of Charismatic Pastors and Bible College Professors in the Service of Training for Future Ministry in the Pentecostal Bible College of the Church of God." DMin Disertation, Emory Univeristy, 1982.

Feliciano, Salomón. "Bro. Salomon Feliciano Writes." *TWE*, April 21, 1917. Flower Pentecostal Heritage Center.

———. "Poberty Pinching." *TWE*, May 19, 1917. Flower Pentecostal Heritage Center.

———. "Salomón Feliciano Escribe Desde Porto Rico." *TPE*, September 18, 1920. Flower Pentecostal Heritage Center.

———. "Wonderful Blessings in Porto Rico." *TWE*, January 6, 1917. Flower Pentecostal Heritage Center.

Finkenbinder, Frank. "Pentecost in Porto Rico." *TPE*, September 20, 1920. Flower Pentecostal Heritage Center.

Finkenbinder, Frank Otto. "La Obra Pentecostal En La Isla de Puerto Rico," n.d. 0902266. Flower Pentecostal Heritage Center.

———. "The Pentecostal Work in the Island Puerto Rico: Historical Review," 1966. Flower Pentecostal Heritage Center.

Finkenbinder, Paul Edwin. "Our Finkenbinder Swarzentrubert Heritage," n.d. Anuario dedicado a la los nietos de Frank y Aura Finkenbinder.

Gotay, Samuel Silva. *Protestantismo y política en Puerto Rico, 1898-1930: hacia una historia del protestantismo evangélico en Puerto Rico*. La Editorial, UPR, 1998.

Gutiérrez:, Ángel Luis. *Evangélicos En Puerto Rico En La época Española*. Guaynabo, PR: Editorial Chari, 1997.

Hollenweger, Walter J. *Pentecostalism: Origins and Developments Worldwide*. Peabody, MA: Hendrickson Publishers, 1997.

Howe, Lena Smith. "La Hermana Lena Smith Howe Escribe." *TPE*, April 29, 1922. Flower Pentecostal Heritage Center.

———. "Santurce, Porto Rico." *TPE*, April 30, 1921. Flower Pentecostal Heritage Center.

"hpr_1900-19291.pdf." Accessed April 19, 2016. https://repasopcmasumet.files.wordpress.com/2008/12/hpr_1900-19291.pdf.

López, Darío. *La Fiesta Del Espíritu: Espiritualidad Y Celebración Pentecostal*. Lima, Perú: Ediciones Puma, 2009.

López Rodríguez, Darío, and Víctor Arroyo. *Tejiendo Un Nuevo Rostro Público: Evangélicos, Sociedad Y Política En El Perú Contemporáneo*. Kindle. Lima, Perú: Ediciones Puma, 2008.

Lugo, Juan L. "A Brief Sketch of the Pentecostal Work in Puerto Rico." *TPE*, September 20, 1920. Flower Pentecostal Heritage Center.

———. "Juan Lugo Escribe." *TWE*, March 30, 1918. Flower Pentecostal Heritage Center.

———. *Pentecostés En Puerto Rico: La Vida de Un Misionero*. San Juan, PR: Puerto Rico Gospel Press, 1951.

Lugo, Juan L., and Salomón Feliciano. "Salomón Feliciano Y Juan L. Lugo Envían Un Informe." *TCE*, October 19, 1918. Flower Pentecostal Heritage Center.

———. "Salvation Coming to Many in Porto Rico." *Pentecostal Evangel*, December 16, 1916. Flower Pentecostal Heritage Center.

"Minutes of General Council 1914," n.d. Flower Pentecostal Heritage Center.

Moore, Donald T. "Los Evangélicos En Puerto Rico Desde El Siglo XIX - Moore_historia_prico.pdf." Accessed April 19, 2016. http://www.prolades.com/cra/regions/caribe/pri/Moore_historia_prico.pdf.

———. *Puerto Rico Para Cristo: A History of the Progress of the Evangelical Missions on the Island of Puerto Rico*. Cuernavaca, México: Sondeos, 1969.

Ortiz, Frank D. "Buena Obra En Porto Rico." *TWE*, September 29, 1917. Flower Pentecostal Heritage Center.

———. "El Hermano Frank D. Ortiz Escribe Desde Lares, Porto Rico." *TPE*, December 13, 1919.

———. "El Hermano Frank D. Ortiz Escribe Desde Lares, Porto Rico." *TPE*, January 24, 1920.

———. "El Hermano Frank D. Ortiz Escribe Desde Lares, Porto Rico." *TPE*, August 20, 1921.

———. "Grande Bendición En Porto Rico." *TWE*, October 27, 1917. Flower Pentecostal Heritage Center.

———. "Ponce, Porto Rico." *TWE*, May 26, 1917. Flower Pentecostal Heritage Center.

Ortiz, Frank D. Jr. "Arecibo, Porto Rico." *Pentecostal Evangel*, January 26, 1918. Flower Pentecostal Heritage Center.

Pagán, Bolivar. "Historia de Los Partidos Políticos Puertorriqueños (1898-1956)." Accessed April 19, 2016. http://www.estado51prusa.com/?p=506.

Pérez Torres, Rubén. *Poder desde lo alto: Historia, sociología y contribuciones del pentecostalismo en Puerto Rico, el Caribe y los Estados Unidos*. Terrassa, Barcelona: Editorial CLIE, 2004.

"Política Cultural Del Protestantismo En Puerto Rico Después de La Invasión Norteamericana Desde El 1898 Hasta El 1930." Accessed December 15, 2015. http://www.enciclopediapr.org/esp/article.cfm?ref=15110601.

Ramos Torres, David. *Historia de la Iglesia de Dios Pentecostal M.I.: Una iglesia ungida para hacer misión*. San Juan, PR: Editorial Pentecostal, 1996.

Rice, Monte Lee. "The Revolutionary Power of Pentecostal Spirituality." *Pentechorus*, February 26, 2009. https://perichorus.wordpress.com/2009/02/26/the-revolutionary-power-of-pentecostal-spirituality/.

Rivera Ortiz, Marcos A. *Aventuras de la Juntilla: Cuentos de Maturí.* Carolina, PR: Terranova, 2006.

Rivera, Roberto Amparo. *Miren Quién Se Mudo Al Barrio*. Carolina, PR: Ediciones Uelomuki, 2007.

Santiago, Helen. *El pentecostalismo de Puerto Rico: Al compás de una fe autóctona (1916-1956)*. Trujillo Alto, PR: Helen Santiago, 2015.

Silva Gotay, Samuel. *La iglesia católica de Puerto Rico en el proceso político de americanización: 1898-1930*. Río Piedras, PR: Publicaciones Gaviota, 2012.

———. *Soldado Católico En Guerra de Religión: Religión Y Política En España Y Puerto Rico Durante El Siglo XIX*. Río Piedras, PR: Publicaciones Gaviota, 2012.

Snyder, Howard A., and Joel Scandrett. *Salvation Means Creation Healed: The Ecology of Sin and Grace: Overcoming the Divorce between Earth and Heaven*. Eugene, OR: Wipf & Stock Pub, 2011.

Synan, Vinson. *The Holiness-Pentecostal Tradition: Charismatic Movements in the Twentieth Century*. 2nd ed. Cambridge, UK: Wm. B. Eerdmans Publishing, 1997.

Torres, José Enrique Mora. "The Political Incorporation of Pentecostals in Panama, Puerto Rico and Brazil: A Comparative Analysis." University of Connecticut, 2010. http://www.prolades.com/cra/regions/cam/pan/tesis.com pleta.jose.mora.may.2010.pdf.

"Two Missionaries Leaving for Porto Rico." *Pentecostal Evangel*, August 26, 1916. Flower Pentecostal Heritage Center.

Villafañe, Eldin. *El Espíritu liberador: Hacia una ética social pentecostal hispanoamericana*. Buenos Aires; Grand Rapids, MI: Wm. B. Eerdmans Publishing Company, 1996.

———. *Introducción al pentecostalismo: Manda fuego Señor*. Austin, TX; Nashville, TN: AETH; Abingdon Press, 2012.

Made in the USA
Middletown, DE
08 November 2022

14304596R00146